世界基準の

ビジネス英語表現

売上1000億円超!
海外営業のプロが教える

原 一宏
総合電機メーカー営業

はじめに

　学校で学んだ英語だけで海外のお客さまと取引をしたり、出張や駐在をすることは可能でしょうか？　答えは No です。

　私は30年来、メーカーの営業マンとして海外とビジネスを行ってきました。入社2年目、初めての海外出張の際に、ビジネスの現場では英検1級の資格も役に立たないことを痛感しました。

　例えば、日本人同士であれば、「その納期はちょっと難しいです」と言えば、これは納期を延ばしてほしいという意味だな、と察しがつきます。しかし、英語を母国語にしている人にとっては、difficult は「難しいが、克服するべき課題を解決すれば実現可能なこと」という意味なのです。私自身、No という代わりに difficult と言ったために、後々、「無理だとわかっていたなら、なぜ最初から『できない』と言ってくれなかったのですか？」と問い詰められた苦い経験があります。

　また、世界には日本人とは発想の違う人が大勢います。例えば日本人は会議で皆が同じ意見だと安心します。自分が反対意見でも、多勢に無勢、議論を引き延ばしても仕方ないと思い、引っ込める場合もあります。アメリカ人は逆に、全員が賛成だと、本当にこれで進めて大丈夫なのか不安になり、あえて反対意見を言う人が出てきます。そうしたアメリカ人を見て、「空気を読まないやつだな」と思うのは、極めて日本人的な考えです。これはそういうビジネス文化に基づくものなのです。

　このように、英語でビジネスを行うには、ネイティブが単語やフレーズを、本当はどのような意味とニュアンスで使っているか深く知ること、また、言葉だけではなく、背景となる慣習や文化も理解することが重要なのです。

　本書では、私が30年間、海外とのビジネスで書き溜めてきた「生の英語フレーズ」を、実践的、かつ具体的な形で御活用いただけるようにまとめました。また、私自身の失敗談や、ビジネス上のエピソードもふんだん

に盛り込みました。海外とのビジネスでなかなか実績が上げられなくて困っている方、新たに海外へ進出して英語を使ってビジネスを展開しようとされている方、外国人上司や部下、同僚と働くことになった方、また英語をもっと深く勉強したい方などにも、広く読んでいただけたらと考えています。

　特に現役のビジネスパーソンの皆さんには、学校英語で学んだままの英語で生じるコミュニケーションの行き違いや、日本文化と海外文化の違いを知らなかったばかりに被るトラブルを未然に防ぎ、無駄な時間をかけずに、英語でのビジネスを成功させる一助になれば幸いです。

　この本を執筆している現在、新型コロナウイルスの影響で、営業だけでなく、さまざまな仕事のやり方が大きく変わってきています。直接、ビジネス相手に会わず、オンラインで、または電話だけでのビジネスが増えています。対面と違い、相手のしぐさや顔の表情をとらえてコミュニケーションをとることが難しく、相手の本音を理解しづらいと感じる人もいるでしょう。そんな中、英語の意味を正しく理解することがますます重要になってきています。相手が何気なくつぶやいた一言をヒントに商談がまとまったり、逆に相手の言葉に隠されたニュアンスを知らなかったために決裂するケースも増えてくるはずです。

　本書を通して、皆さんの、重要な海外での商談がまとまり、新規顧客が開拓でき、さらに、海外の友人との交流が深まることに少しでも貢献できたらうれしく思います。そして、英語を介して、日本語の世界で得られるものの何十倍もの新しい考え方、新しい知識に触れてください。それは仕事に役に立つだけではなく、あなたの発想に幅を与え、あなたの人生に新しい彩りを加えることでしょう。

2020年10月　原　一宏

Contents

第**1**章 日本人が間違って使っている英文

第**2**章 基本単語の隠された意味

第3章 今すぐ言ってみたいセンテンス

♥ 肯定する、元気づける、思いやる、謙遜する、相手を立てる

👉 お願いする、命令する、質問する

🔍 状況や人物を説明する／描写する

第4章 会話をイキイキさせるイディオム

第5章 ネイティブに一目置かれる表現

▼ ページ内のアイコンの説明

🔊 000 　該当トラックに、このページで紹介するフレーズや単語を用いた会話と例文が収録されています。よく聞いて、ご自分でもまねしてみてください。音声ダウンロードの方法は、p. 271をご覧ください。

NOTE 　このページで紹介するフレーズや単語について、誤解しがちな字面の意味と、ネイティブが使う本当の意味、また使用する際の注意を、ビジネスエピソードなども交えて読みましょう。

正しい会話例 　先に、意味がうまく通じていない会話例が挙げられています。ここでは、音声と共に、正しい会話例（用例）を学びましょう。

これも覚えよう 　このページで紹介するフレーズや単語に関連して一緒に覚えておくとよい類例を、例文と共に学びます。

連想ボキャビル 　このページで紹介するフレーズや単語から連想されるものを、例文と共に挙げています。ボキャブラリーと知識を倍増させましょう。

第 **1** 章

日本人が 間違って 使っている英文

ここでは、日本人が間違って使っていることが多い、初歩的な英文を学びます。中学英語で習ったようなごく基本的な英文なのに、実はネイティブは違う意味で使っているというものがあります。あるいは、字面と違うちょっとした含みを持つ、イントネーションの付け方で、意味が変わってくる場合もあります。何の疑いも持たずに使い続けて、思わぬ失敗を招かないよう、状況に即した会話と共に、「基本英文の本当の意味」を学びましょう。

I'll try. の本当の意味

「やります（でもたぶん無理！）」

A: Could you sign this document and bring it back tomorrow?
   （この書類にサインをして明日、戻してもらえますか?）

B: Yes, I will try.
   （ええ、やってみます）

A: What do you mean, "I will try"? Will you or won't you?
   （「やってみます」ってどういう意味?　やるの、やらないの?）

NOTE　ある日本のメーカーの技術者とアメリカ人のお客さまとの打ち合わせ
での話です。お客さまが「試作品を翌月までに持ってきて欲しい」と
要求したところ、技術者は真面目な顔をして I will try. と答えました。ところ
が、それを聞いたお客さまは急に怒り出し、収拾がつかなくなってしまった

そうです。この技術者は「やります」と言ったのに、なぜ相手が怒っているのか、全くわからず困ってしまいました。何がいけなかったのでしょうか?

実は日本人の使う try の意味と英語を母国語にしている人の try の意味の間には大きな認識の違いがあるのです。日本人は try をかなりの確率の高さで実現可能なことについて使いますが、**ネイティブは try を50%以下の確率でできること、場合によってはほとんど実現可能性のない時に使います。**つまり日本の技術者は「やってみるけれど、たぶん無理です」と言ったのと同じなのです。

過去形 I tried. も気をつけましょう。そのまま訳すと「試みました」ですが、「やってみたがダメだった」という含みを持つからです。したがって、I tried. と言ったアメリカ人に、「それで結末はどうだったの?」と聞き返すのは野暮というものです。I tried. と言うアメリカ人の目をよく見てみてください。それをあえて聞くの?　と訴えているはずです。

それではどう言えば、「必ずやります」と、相手にやる気を伝えることができるのでしょう?　その答えはこれです。

That will be no problem.（問題ありません）

I will do it.（やります）

I will do my best to meet your expectations.（ご期待に沿えるよう、ベストを尽くします）

You can count on me.（私に任せてください）

You won't be disappointed.（がっかりさせません）

正しい
用例

◀》001

左の AB は、以下のように B が答えればスムーズに意思の疎通が図れます。

A: Could you sign this document and bring it back tomorrow?
（この書類にサインして明日、戻してもらえますか?）

B: Sure, I'll do that.
（もちろん、そうします）

002

It is difficult. の本当の意味

「難しい（でもたぶん大丈夫！）」

A: Do you think you can meet the deadline for the book?
（この本の納期は守れそうですか?）

B: Well, I think that might be difficult.
（ええと、それは難しそうですね）

A: That's good.
（それはよかった）

B: No, I said it's difficult. It's not OK. I don't think I will be able to meet the deadline.
（いや、「難しい」と言ったんですよ。よくないです。締切は守れないと思います）

A: What? But you said it would only be "difficult," not "impossible."
（なんですって？　でもあなたは「難しい」としか言ってないじゃないですか、「できない」とは言ってないでしょ）

difficult も混乱を招きがちな単語です。日本人は No という代わりに難
しい顔をして、顔を横に傾けて It's difficult. とよく言ってしまいます
が、これが大きな誤解を与えています。

　try と逆に、日本人は difficult を、実現の可能性がかなり低い場合、ほぼゼ
ロに近いときに使いますが、**ネイティブは逆に、解決すべき課題はあるが、そ
れを解決できれば実現できる**と非常に前向きに考えるのです。ですから左の
会話の difficult は、「難しそうだけれど、全く不可能というわけではない」と
受け取られたため、ちぐはぐになったのです。

　かつてカナダ人の同僚に It's difficult. と言ってしばらく放置しておいたら、
1週間後にどうなったかと聞かれました。「難しい（無理だ）と伝えたじゃな
いですか」と言ったところ、できないならなぜ difficult と言ったのかと問い
詰められました。

　そこで私は、できないとわかっていたら、最初から No と言った方がよいと
いうことに気づきました。これを知ってからは、相手に間違った期待をさせ
ることなく、仕事もはかどるようになりました。この同僚いわく、日本の会社
に長く勤務しているが、日本人の言う difficult の意味が No であることがわ
かるのに8年かかったと言っていました。よく8年も辛抱してくれたものです。

　それではどう言ったら、「難しい。不可能です」と、相手に伝えることがで
きるのでしょうか。以下のとおりです。
No.（できません）
I don't think that's possible.（できるとは思えません）

**A: Do you think you can meet the deadline
for the book?**
（この本の納期は守れそうですか?)

◀)) 002

B: No, that will be impossible.
（いいえ、不可能でしょう）

A: Oh, well ...
（ああ、なるほど…）

003

I'm sorry. の本当の意味

「心からお詫び申し上げます」

A: I'm sorry, do you know how to get to Edgewood Station?
（申し訳ありません。エッジウッド駅へはどういったからよいですか?）

B: "Sorry"? Did you do something wrong?
（「申し訳ない」? 何か悪いことでもしたんですか?）

 I'm sorry. はビジネスでは気をつけ方がよい言葉です。sorry には大きく分けて以下の3つの意味があります。

(1) 謝罪

アメリカ人はあまりI'm sorry. を言わないとされていますが、確かに、大きな責任問題に発展するような肝心なことになると、彼らは I'm sorry. を全く使いません。しかし、全く言わないわけではなく、**それほど重要ではないこと**、例えば道を歩いていてすれ違いざまに誰かと少し肩がぶつかったりしたようなときは、アメリカ人でも I'm sorry. と言います。

(2) 同情

相手への同情を表す場合に使います。例えば相手の親族に事故や不幸があったと聞いたような場合は、I'm sorry to hear that. （お気の毒に思います）と言います。

(3) 聞き直し

　相手の発言が聞き取れない時、さらっと I'm sorry. と言うと、それは I'm sorry, I couldn't hear you. Would you repeat what you just said? (すみませんが、今言われたことが聞き取れなかったので、もう一度言っていただけますか?) の意味です。

　なお、日本語の「すみません」は、実は少しやっかいな言葉です。なぜなら、非常に意味が広いからです。以下に、日本語の「すみません」を、その持つニュアンスごとに正しく訳してみます。

(A) 誰かに声を掛けて呼び止める「すみません」

　レストランで注文をするとき、係の人を呼ぶのに「すいませんー!」と言います。これは英語では **Excuse me.** です。

(B) 感謝の「すみません」

「お手数をかけてすみませんでした、助かりました」というような場合。これは英語では **Thank you.** です。

(C) 軽い謝罪の「すみません」

　ちょっとしたミスや間違いを「あ、すみません」と謝る場合、これは後ほど説明します。

(D) 深い謝罪の「すみません」

　「これは全く私の落ち度です。本当に本当に申し訳ありませんでした」という場合、これが **I'm sorry.** です。

　(A)、(B)、(C) にある「すみません」という日本語を I'm sorry. と訳すとアメリカ人からは変な顔をされると思います。なお、(C) のように軽く謝りたい場合はこういえば通じます。

Sorry about that. (すみません)

同じ sorry を使っていますが、持つ意味がかなり違います。注意しましょう。

客に声を掛けられたレストランの給仕係が、すぐに注文を取れなかった場合、戻ってきたときの第一声はこうです。

● 003

Sorry about that. What would you like to order?

(お待たせしてすみません。ご注文は何でしょう?)

004
It was nice knowing you.
の本当の意味

「もうお目にかかることはないでしょうね」

A: It was nice knowing you.
　（これっきりかもしれませんね）

B: Wait a minute. We can see you again. Correct?
　（ちょっと待って。また会えますよね?）

A: Yes, of course. Why do you ask?
　（もちろんですよ。なぜそう聞くんですか?）

NOTE It was nice knowing you. は、文字通りには「あなたと知り合いにな
れて良かったです」と訳せそうですが、「**あなたとお目にかかるのはこ
れが最後になるかもしれませんね**」という言外の意味があります。

　かつてアメリカに出張した際、付き合いの長い現地人スタッフと共にお客
さまとの打ち合わせに臨みました。打ち合わせはうまくいかず、お客さまか
らは非常に厳しい指摘を受けました。その現地人スタッフは非常に落ち込み、
別れ際に、It was nice knowing you. と私に言ってきたのです。

　その表情から、この英文が意味するところは、「商談が上手くいかなかった
ので自分は職を失うかもしれない、あなたと会うのはこれが最後になるかも
しれない」というつもりだと気づきました。最初は冗談かと思いましたが、あ
まりに表情が真剣だったので、私は "No, don't say that. We will come
back to this customer and I will see you again." (そんなことを言わない
で。私たちはまたこのお客さまを訪問するし、あなたともまた会いますよ) と
言ったところ、沈み込んでいた彼の顔に少しだけ笑顔が戻りました。

　左ページの会話では、A には「これっきり」という意図はなく、むしろ「会
えてよかった」と言ったつもりのようです。その場合には、これらがふさわし
いでしょう。

I'm very glad to see you. (会えて嬉しいです)
Nice meeting you. (会えて良かったです)

A: It was my pleasure to see you today.
(今日はお目にかかれて良かったです)

B: Good to see you, too.
(こちらこそ)

004

005

We need to talk. の本当の意味

「大事な話があります」

A: We need to talk.
（お話ししないといけないことがあります）

B: OK, what is it?
（いいよ、で、何?）

A: Now listen to me.
（いいですか、ちゃんと聞いてください）

NOTE We need to talk. は気を付けた方がよい表現です。**ネイティブがこの表現を使うのは非常に深刻な話がある時のみです。**親しくしていた現地の社員が、奥さんから We need to talk. と言われてしまったと、ひどく難しい顔をしていたことがありました。何事かと聞いたら、奥さんから離婚話を切り出されたとのこと。この英語表現には単に「話す必要があります」ではなく、非常に重い意味があることを知った次第です。

なお、普通に話をしたい時は

Can I talk to you?（お話できますか?）
I want to talk to you.（話がしたいのです）
Do you have a minute?（ちょっといいですか?）

と言えば、相手はあなたが軽く話がしたいのだとすぐにわかりますし、非常に深刻な相談事を持って来たと誤解されないですみます。

正しい
会話例

🔊 005

A: Do you have a minute?
（ちょっといいですか?）

B: Sure. What's up?
（もちろん。何ですか?）

006

Thank you. の本当の意味

「よろしくお願いします」

Could you come to my office at 8 a.m.
tomorrow? Thank you.
（私のオフィスに明日午前8時に来てくださいますか?
よろしくお願いします）

NOTE
Thank you. には広い意味があります。上の場合は、「ありがとう」では
なく、日本語の **「よろしくお願いします」** くらいのニュアンスでしょ
う。また、**Thank you for your efforts.** は、直訳すると「努力に感謝しま
す」ということですが、日本語の「お疲れさま」に相当します。

また、日本語では「ありがとう」という代わりに「すみません」と言うこと
がよくありますね。飛行機の中で機内食が配られる時、ほとんどの日本人は
黙って受け取っています。一方アメリカ人は、Thank you.、Thanks. と言う
人が多いようです。日本人ももっと Thank you. を言った方がよいかもしれ
ません。私自身も、ほんのささいなことでも、何かしてもらった時は、努めて
Thank you very much. I appreciate it. と言うようにしています。ア
メリカ人が必ず I appreciate it. を添えているので私も真似して、そう言う
ようになりました。

会話例

◀)) 006

**A: Could you come to my office at 8 a.m.
tomorrow? Thank you.**
（私のオフィスに明日午前8時に来てくださいますか?　よろしくお願いし
ます）

B: Sure can.
（承知いたしました）

I beg your pardon! の本当の意味

「なんですって！、まさか！」

A: Is this free of charge?
（これは無料ですか?）

B: I beg your pardon!
（なんですって!）

A: Can I get this free of charge?
（これは無料ですか?）

B: No, I'm not asking you to repeat what you said. No, you can't get it free of charge.
（繰り返してとお願いしているのではありません。いいえ、これは無料ではありません）

NOTE

I beg your pardon には3つの意味があります。
1）「もう一度言ってください」、2）「（相手に呼び掛ける時の）すみません」、3）「なんですって！」「まさか！」「あなた、わかってませんね！」。この3）が上の会話の意味で、相手の言ったことが納得できずに反論する時、あるいは相手をたしなめる時に使います。

ところで、I beg your pardon. で始まる歌をご存知ですか? Lynn Anderson というアメリカのカントリーシンガーが歌っていた Rose Garden（1972年）です。当時の大ヒット曲で、YouTube でも聞けます。この歌の冒頭の I beg your pardon. がまさにこの3の意味です。

正しい
会話例

🔊 007

A: Is this free of charge?
（これは無料ですか?）

B: I beg your pardon!
（なんですって!）

A: Oh, OK. Never mind.
（ああ、わかりました。気にしないでください）

008

Of course. の本当の意味

「当然やりますよ」

A: Do you think you can finish this assignment today?
（この仕事、今日中に終えられそうですか？）

B: Of course!
（当然です！）

Of course. も気をつけた方がよい、少し危険な応答です。日本語の訳
は「もちろん」で、良い意味なのですが、これをビジネスで使うと誤解
を与える場合があります。**Of course, I can. （もちろん、できますよ）** なら
いいのですが、**Of course. だけだと「何を言ってるんですか、当然やります
よ！」と、少し尊大な印象を与えるからです。**

あるプロジェクトについて、アメリカ人スタッフと打ち合わせをし、進捗
に問題はないか、しつこく念押しした時のこと。相手は少し不機嫌な顔をし
ながら一言、Of course. と返してきました。それは「見損わないでください、
当然やりますよ」と言わんとしているようでした。

付き合いの長い親しい間柄で、冗談まじりに、「何言っているんですか、も
ちろんやります。私を誰だと思ってるんですか！」というニュアンスで使う
場合には Of course. でも構いませんが、ビジネスで、特に初対面の方と話を
する時は Of course. 一言だけ、というのは控えた方が安全です。

相手に誤解させずに前向きな姿勢を示すには、以下がふさわしいでしょう。

Of course, I can. （もちろん、できますよ）／**Sure.** （もちろんです）

正しい
会話例

◀» 008

A: **Do you think you can finish this
assignment today?**
（この仕事、今日中に終えられそうですか？）

B: **Sure. Count on me!**
（もちろんです。任せてください!）

Good question. の本当の意味

「痛いところを突いてきますね」

A: Hmm ... good question.
（うーん……痛いところを突いてきますね）

B: Really? Was it that good?
（本当に？　そんなにいい質問でしたか?）

A: I mean, it's hard to answer.
（つまり、答えづらいということです）

NOTE Good question. の文字通りの意味は「良い質問ですね」ですが、その裏には **「痛いところを突いてきますね」「即答できないから待ってください」** という意味があります。実はこれは、**時間稼ぎのために口にする一言**である場合が多いのです。かつて、米国の現地法人に、どんな質問にも答えられる凄腕の幹部役員がいました。彼に難しい質問を投げ掛けると、まず、Good question. と言って少し間合いを取ります。そして What do you think?（あなたはどう思いますか?）と質問で返す、あるいはもっと難しい質問で返してくるのです。少しずるいやり方ですが、こういう時間稼ぎができるのも、コミュニケーション上手の秘訣かもしれません。

正しい
会話例

Good question. を文字通りに使うとしたら、こうなります。

Good question. Sorry, but I don't have the answer.

🔊 009　（いい質問ですね。すみません、でも答が思い浮かびません）

010

Listen to me. の本当の意味

「ちゃんと聞けよ」

A: [In a web meeting] Can you listen to me?
  （[ウェブ会議で] ちゃんと俺の話が聞けるか？）

B: "[In her mind] *Oh, he is so rude!*"
  （[黙ったまま] まあ、すごく失礼な人!）

NOTE このところビジネスでは、電話会議やウェブ会議が一般的になってき
ました。そんなとき、「聞こえてますか？」と聞きたいときがあります
よね。Can you listen to me? と言いそうになりますが、これは、相手に「お
い、ちゃんと俺の話を聞いてくれよ」という横柄な印象を与える場合があり
ます。なぜなら、**listen to ... には「相手の言葉を注意深く聞く、傾聴する」
という意味**があるからです。ですから、こういう場合には **Can you hear
me?**、あるいは **Do you hear me?**（聞こえますか？）がふさわしいでしょ
う。相手に本当に話を聞いてほしい時は、冒頭にNow を付け、Now, listen to
me.（さあ、いいかい。ちゃんと話を聞いてくださいよ）と言います。

A: Do you hear me?
  （私の声が聞こえますか？）

B: Yes, I can hear you all right.
  （ええ、ちゃんと聞こえますよ）

◀» 010

011

It's not bad. の本当の意味

「これ、結構イケますよ」

A: How do you like this cake?
（このケーキ、どうですか?）

B: It's not bad.
（結構いけますよ）

A: Not bad? I think it's very good.
（悪くない?　すごくおいしいと思いますが）

B: Yes, that's what I mean.
（ええ、そういう意味です）

NOTE It's not bad. は直訳すると「悪くない」ですが、実は悪くないどころか、かなりの褒め言葉です。日本語にすると**「これは結構イケますよ」**と訳した方がむしろ正しいと思います。ただし、何につけてもこの表現を多用するのはあまりお勧めしません。また、**It's not that bad.** と言うと**「(あなたが思うほど) そこまでひどくないですよ」**という意味です。

　アメリカの航空会社のラウンジに、よくセロリのスティックと ranch dressing が置いてあります。ranch dressing は白くて少し酸っぱいドレッシングで、日本ではあまり見かけませんが、アメリカでは一番人気の味のようです。私は最初、この snacks が苦手でしたが、しかし、アメリカではどこにでもあるので、いつの間にか食べるようになり、好きになりました。今では「けっこうイケます」と言えます。まさに Not bad. です。

　なお、素直に「おいしい!」と言うのであれば**Very good!、Delicious!、I love it!** でよいでしょう。

正しい会話例

A: How do you like this cake?
（このケーキ、どうですか?）

B: I love it. It's very good.
（大好きです。すごく美味しいです）

🔊 011

012
Do you have the time?
の本当の意味
「今、何時ですか？」

A: Excuse me. Do you have the time?
(すみません。今何時ですか?)

B: No. I'm busy now.
(いいえ、私は今忙しいです)

A: No, I mean, do you know what time it is now?
(いえ、つまり言いたかったのは、何時かわかりますか?ということです)

 Do you have the time? は、文字通りには、「あなたは時間を持って
いますか？」ですが、その意味は**「今何時ですか？」**です。

　日本の学校では、What time is it now? を習いますが、アメリカでは、こ
の英語はほとんど聞きません。代わりに **Excuse me, but do you have
the time?**(すみません。今、何時ですか？)と聞かれることが多いです。
What time is it now? は、相手が時計を持っていることが前提になっていま
すが、Do you have the time? は「あなたは時計を持っていますか？」と聞
き、「時計を持っているとしたら何時ですか？」と、同時に2つのことを相手
に聞いているので、こちらの方が丁寧です。

　ちなみに **Do you have time? と the を取ると「今、暇ですか？」「今、お
時間はありますか？」**という別の意味になってしまいますので、ご注意を。

正しい
会話例

◀)) 012

A: Excuse me. Do you have the time?
(すみません。今何時ですか?)

B: It's ten to five.
(5時10分前［4時50分］です)

013

I'm done. の本当の意味

「もうウンザリです」

A: Uh-oh, the client just texted another request to move up the deadline.

（何てこと、顧客がまた、締切を繰り上げろとメールしてきてるよ）

B: That's it! I'm done.

（もうたくさん！ うんざりです）

A: What? We just started eating.

（何? 今食べ始めたばかりですよ）

NOTE
I'm done. は、「終わりました、ごちそうさま」という意味で使うことが多いのですが、**クレームや度重なるトラブルに対して「もうウンザリだ」**という意味でも使います。私がこのフレーズを最初に聞いた時、相手は苦渋の表情でした。気持ちを込めて使ってみてください。

正しい
会話例

🔊 013

A: Uh-oh, the client just texted another request to move up the deadline.

（何てこと、顧客がまた、締切を繰り上げろとメールしてきてるよ）

B: That's it! I'm done.

（もうたくさん！ うんざりです）

A: Wait, calm down. I'll tell them we can't do the work any faster without sacrificing quality.

（待って、落ち着いて。品質を落とさずに、これ以上早くはできないことを話すから）

014

You bet. の本当の意味

「どういたしまして、いいとも、100 % Yes」

A: I'm glad you're helping me with this project.
（プロジェクトのお手伝い、ありがとう）

B: You bet.
（どういたしまして）

A: I what?
（私がどうしたって?）

NOTE　bet は「賭ける」という意味の英単語ですが、You bet. とはあなたが
賭けるという意味ではなく、複数の意味があります。❶**お礼を言われ
た時の返事で「どういたしまして」、❷何か依頼を受けた時に「いいとも !」**、
さらに、❸**強い肯定**です。

正しい
会話例

◀)) 014

❶ A: **Thanks for joining me on our talk show
today!**
（トークショーをお聞きくださり、ありがとうございます !）

B: **You bet.**
（どういたしまして）

❷ A: **Can you come to my office at 9 a.m.
tomorrow?**
（明日午前9時に私の事務所に来てもらえますか?）

B: **You bet.**
（いいですとも）

❸ A: **Are you sure you're ready to come with
me now?**
（今すぐ私と一緒に外出できますか?）

B: **You bet.**
（もちろん）

015

Not really. の本当の意味

「そうでもないです、ちょっと違います」

A: Do you like country music?
（カントリーミュージックは好きですか?）

B: Not really.
（あんまり）

A: You don't like it at all or you like it a little?
（嫌いだということですか、それともちょっとは好きだってことですか?）

NOTE これは、「**そうでもない**」「**ちょっと違う**」という意味ですが、**はっきりと No. と言いたくない**時に、こう言うことがよくあります。アメリカ人は基本的に Yes、No をはっきり言う方ではありますが、このフレーズはあいまい表現です。しかしこの言葉が出た時、心はもう決まっていて、その意味するところはほぼ No だと理解した方がよいです。

他の
会話例

🔊 015

A: Do you like country music?
（カントリーミュージックは好きですか?）

B: I don't think so.
（好きではないと思います）

016

I have to run. の本当の意味

「もう失礼します、もう行かないと」

A: Sorry, I have to run.
（すみません。もう行かないと）

B: You don't have to run. I can take you to the station by car.
（走る必要はないですよ。私の車で駅まで送ります）

A: No, I mean I have to go now.
（いいえ、もう行かないと、と言うつもりでした）

NOTE I have to run. は、文字通りには「私は走らなければならない」ですが、
「もう行かないと」「失礼します」 という意味で、ビジネスの打ち合わ
せを急に退席しなければならない時によく使われるフレーズです。また、誘
いを断るような時にも使います。

正しい
会話例

◀» 016

❶ A: **Sorry, but I have to run.**
（すみません、ですがもう行かないと）

B: **No problem. See you again.**
（わかりました。また今度）

❷ A: **How about lunch after this meeting?**
（この打ち合わせの後、ランチでもどうですか?）

B: **Thanks for the offer, but I have to run.**
（お申し出、ありがとうございます。しかしすぐ行かないといけません）

017

Congratulations! の本当の意味

「やりましたね！、よかったですね！、おめでとう！」

Oh, is tomorrow your birthday?
Congratulations!
（明日がお誕生日なんですか？　やりましたね!）

NOTE

Congratulations! はよくご存知でしょう。でもどういう時に言うかは知ってますか？　これは、おめでたい中でも**自身の力で何かを成し遂げた時だけ**に使います。つまり**誕生日や新年を祝うような場合には使わず**、それぞれ、Happy birthday!、Happy new year! です（上の例は、Happy birthday! と言うのが普通でしょう）。

　少し注意した方が良いのは、おめでとうと声を掛ける時は必ず複数形の**Congratulations** になる、ということです。**単数の congratulation は「祝辞」**という意味です。親しい相手にカジュアルに「おめでとう」と言う時は、**Congrats** を使いますが、これも必ず複数形です。職場でも、誰かが新規案件を受注した時などは、同僚や上司が Congrats! と言うのを良く聞きます。

正しい会話例

🔊 017

A: Congrats on your promotion!
（昇進やりましたね!）

B: Thank you very much.
（本当にありがとう）

018

I'm fine. の本当の意味
「大丈夫です、もう結構です、もういいよ」

A: Hi, how are you?
（やあ、元気?)

B: I'm fine.
（大丈夫です)

A: What? Are you sure you're OK?
（なんですって?　本当に大丈夫?)

NOTE　fine はさまざまな意味を持つ言葉です。まず1つ目の意味は皆さんご
存知の、学校で習う A: How are you? B: I am fine. ですが、アメリカ
人はこの状況で、**I am fine. はほとんど使いません**。それほど元気いっぱい
ではなくても、**Super.** とか、**Couldn't be better.** などと言ったりします。
調子が悪い時でも、**I am OK.** です。

　2つ目は「**大丈夫**」という意味です。道で転んだ人などに、A: Are you
OK?（大丈夫?）B: I am fine.（大丈夫です）というやりとりですね。

　次の意味はレストランで、追加注文を迫られた時、I am fine. Thank you.
と言えば、「**もう結構です**」ということです。これは I am fine. だけでもいい
のです。No thank you. より、品のある断り方だと私は思います。

　さらに、「**もういいよ**」とやや怒って、不満を表明する時にも fine を使いま
す。つまり、「元気です」という意味で I am fine. と言うのなら、よほど明るく、
快活に言わないと、相手は文字通りには取ってくれないでしょう。

**A: Sorry, but I've got something to do, so
I can't make it tonight.**
（ごめん、でも今夜はしなきゃいけないことがあって、行けません)

B: Fine. Then I'll ask someone else.
（わかりました。では他の人を誘います)

覚えておきたい電話の英語

世の中は、Eメールや texting（携帯メール）が一般になってきていますが、まだまだ電話をかける機会もあります。以下のような表現を覚えておくと、ビジネスで役に立ちます。

Hang on. 電話を切らないで。
Hang on a second. 電話を切らずにちょっと待って。
I'll put you through. （相手に）おつなぎします。
May I ask who is calling? どちらさまでしょうか？
Who shall I say is calling? どなたからのお電話と伝えましょうか？
I'll see if she's in. 彼女が席にいるか、見てみます。

また、以下のようなフレーズも、ビジネスではよく聞きます。
touch base with ～ ～に連絡を取る
これは、営業部員がお客さまに電話をかける時よく使います。contact ほどはかしこまらない気軽な連絡について言います。例文を挙げましょう。
How are you? I just called to **touch base with** you.
（お元気ですか？　どうされているかと思いましてお電話しました）

play telephone tag お互い連絡が取れない状態
直訳すると「電話の鬼ごっこ（tag）をする」ですが、電話したけれど、相手が不在、相手がかけ直してくれたけれど、今度はこっちが不在、こんなことが２～３度続いた後に決まって言う表現です。
It looks like we are **playing telephone tag**.
（なかなかお互い連絡取れませんね）

第 2 章

基本単語の
隠された意味

相手の趣味を聞く時にhobbyは使わない、病院に行くという時にhospitalとは言わない——ということをご存知でしたか？　新しい単語を覚えることに必死で、もう知っている単語はあえて辞書で調べることはないかもしれませんね。でも実は、基本的な単語ほどたくさんの意味を持ち、会話の中では、私たちが知らない方の意味で使われることが多いのです。ここではそうした注意すべき単語を集めました。

019

please の隠された意味

「～してもらえませんか！、お願いだから」

🔊 019

1. Would you be quiet, please!
（ちょっと静かにしてもらえませんか!）

2. Mom, can I have another cookie? Please?
（ママ、もう一枚、クッキー食べてもいい？　お願いだから）

3. May I have your attention, please?
（ご注目いただけますか?）

> NOTE　命令文に please を付けると丁寧になると思っていませんか？　実は、please を付けても、お願いの内容がソフトに聞こえるわけではありません。例えば上の 1. や 3. の場合、お願いしている内容自体は please があってもなくても変わりません。2. は子どもがおねだりをするような場合の please 単独の用い方です。
>
> 　本当に丁寧にお願いしたいときには、**I would appreciate it if you could ...** や、**I am wondering if you could ...** を使います。あるいは、Please tell me the way to the station. よりも、**Could you** tell me the way to the station? の方が、よりきちんとした依頼になります。
>
> 　なお、動詞 please には「人を喜ばせる」という本来の意味があります。please は If it please you.（もしそれがあなたを喜ばせるなら、よろしければ）の短縮形と理解すると、本来の意味が見えてきます。つまり please は、何かを頼む時に付けるのではなくて、**相手が喜ぶ行動かどうかで判断する**のです。ですから、相手に対して何かを禁じる時の please には気を付けた方がいいでしょう。

020

hobby の隠された意味

「（凝った）趣味」

◀)) 020

Tom doesn't have any hobbies – unless you call reading mystery novels a hobby.

（トムには趣味はない、ミステリー小説を読むことが趣味と言えるなら別だが）

日本語では、よく初対面の人に「ご趣味は何ですか？」と聞きますが、同じニュアンスで What's your hobby? と聞くと、相手に変に思われます。日本語の「趣味」は非常に広い意味を持ちますが、英語の hobby は**相当凝った、そして通常は何らかのスキルを必要とする趣味**を意味するからです。

上の例文では、ミステリー小説を読むことが趣味と言えるなら、とありますが、これはつまり、普通はミステリー小説を読むことは趣味とは言えないということが前提にあります。

代わりにこう言えば、相手は自然に答えてくると思います。

A: **How do you spend your free time?**（あなたは、余暇をどう過ごしますか？）

B: I spend my free time reading mystery novels.（私は余暇にはミステリー小説を読みます）

また、「いや、そういう凝った趣味を聞きたいんだ」という場合には、What's your hobby? ではなく、**Do you have any hobbies?** と聞く方が適切でしょう。例えば、特別なスキルが必要な手芸やフラワーアレンジメント、ガーデニング、切手収集、写真、チェス、外国語学習などは、hobby と言えるでしょう。

一方、履歴書の趣味欄に書かれそうな、映画鑑賞やスポーツ観戦、ドライブ、散歩、読書などは特別なスキルを必要としないため、hobby とは言えません。

021

intelligence の隠された意味

「情報」

🔊 021

A: Do you have any intelligence on this company?
（この会社に関して何か知って［情報を持って］いますか?）

B: I know a little about them.
（少し知っています）

> NOTE
> intelligence という英語は、学校では「知能」「知性」という訳をまず覚えますが、ビジネスの会話では**「情報」**という意味で使われることがほとんどです。アメリカ人はごく普通に **Do you have any intelligence on ... ?** とよく聞きますが、私は最初、違和感がありました。これが知能、知性という意味なら、大変失礼な質問ですが、ただ情報を求めているのだとわかったとたん、なるほど、と合点がいきました。
>
> アメリカの CIA は Central Intelligence Agency（中央情報局）の略ですが、intelligence（情報）という意味がしっくりきます。

👆 これも覚えよう

なお、形容詞形の intelligent に近い英語として **wise、smart、clever** がありますが、これらには細かな意味の違いがあります。

wise: 経験に裏打ちされた賢さ、分別があるイメージ

smart: 頭の回転がよい、地頭がよい、きびきびとしているイメージ

clever: 子供に使われるケースが多い。大人に対して使うとずる賢いイメージ

intelligent: 理解力がある、知性があるイメージ

022

hospital の隠された意味

「総合病院」

🔊 022

A: I have to go to the hospital this afternoon.
（今日の午後、病院に行かねばなりません）

B: Oh, no. Are you going to be hospitalized?
（そんな。入院ですか？）

NOTE 日本では「ちょっと風邪気味なので、これから病院に行ってきます」
などと言いますね。そのつもりで hospital を使うと、勘違いされます。
アメリカでは hospital は**総合病院**を指し、重病の場合や手術・入院など、よ
ほどのことがないと行きません。風邪などの場合は、まずは family doctor
（かかりつけ医）に行きます。これは **go see a doctor** と言うのが一般的で
す。つまり、「**病院に行く**」ではなく、「**医者に診てもらう**」というニュアンス
です。

　例えばこういうふうに言います。
A: I have a runny nose. I'll **go see a doctor** this afternoon.（鼻水が出
るので、午後、医者に診てもらいます）
B: OK. Take care.（わかりました。お大事に）

👆 **これも覚えよう**

病院には、hospital のほかに **clinic** がありますが、その違いはなんでしょうか？
　hospital は上にある通り、**長期の入院が可能**で、**複数の診療科がある大きな医療施
設**を指します。一方で clinic は、**特定の医療を行っている小さな診療所や個人病院**、例
えば、**歯医者、眼科といった特定診療施設**を指すことが多いようです。

023

best の隠された意味

「現状の中での最良の」

🔊 023

1. **To the best of my knowledge, this is the right choice.**
（私が知っている限り、これが正しい選択肢です）

2. **We only have an hour. Let's make the best of it.**
（私たちには1時間しかない。その中で最大限の努力をしましょう）

 best の一般的な意味は「最高の」という意味ですが、この言葉には**「現状の中での最良の」**というニュアンスがあります。つまり絶対的な一番ではないということを覚えておきましょう。上の例文の To the best of my knowledge, は「私が知る限り」、Let's make the best of it. は「（現状は良くないが）最大限の努力をしましょう」という意味です。

👆 これも覚えよう

旅に出る人や、新しい人生を歩み始める人に贈る、best を使った、とてもシンプルなのに心を打つ言葉をご紹介します。それは **All the best.** です。

これは **I wish you all the best.（幸運を祈ります）を略したもの**ですが、「あなたがこれから向かう先での出会いや、その身に起こる出来事の全てがうまくいくことを私は祈ります」という意味です。

競争の激しいアメリカのビジネス社会では、人の出入りが激しく、たくさんの出会いと別れがありました。私もその都度、All the best. を贈り、聞いてきました。こうした別れの場面にもふさわしい、心が込もった言葉です。ぜひ使ってみてください。

024

souvenir の隠された意味

「(旅先の思い出になる)土産品」

🔊 024

The gift shop is filled with T-shirts, toys and other souvenirs.

(そのギフトショップは、Tシャツや玩具、そのほかの土産物であふれている)

 souvenir は、フランス語の remembrance、memory から来ています。日本語では「お土産」とよく訳されますが、実は**その土地を訪れたことの記念になるもの**という意味です。**memento**(記念の品)や **keepsake**(思い出の品)などとも同じ意味です。自分のために買うものでも、他人に差し上げるものでもよいのですが、食べ物は該当しません。例えば温泉旅行でお饅頭を一箱買って同僚に分けた、というような場合には、present、あるいは gift です。

🖐 これも覚えよう

アメリカでの present は、**誕生日やクリスマスのような特別な日に贈るもので、日常的に何かを人に贈ることはありません。**

日本では地方に出張に出た時に、その土地の名物のお菓子をお土産として職場に買ってきたりしますが、そのような習慣はアメリカにはありません。日本のお中元・お歳暮のような、季節ごとの贈り物の習慣もありません。

また、日本では、ビジネスで初めて会うお客さまなどに、菓子折を持参することがよくありますが、これもアメリカにはない習慣です。

ただし、取引先のお客さまの会社の幹部に面談する際に、日頃の感謝の気持ちを込めて、お菓子や日本の伝統工芸品を持参することはあります。しかし、あまり高価なものは、贈収賄の対象となる恐れがあるので避けた方がよいでしょう。

025

drama の隠された意味

「演劇」

🔊 025

She studied drama in college.
（彼女は大学で演劇を学んだ）

 drama は、わざわざ英和辞典を引く方もいないかもしれませんが、『Weblio 英和辞典』では**「戯曲、脚本、劇文学、劇、劇作、演劇、芝居、(一連の) 劇的事件、ドラマ、劇的な性質」**と出てきます。したがって drama を日本語の TV ドラマのつもりで使うと、誤解を招きます。

　日本のドラマをテレビで見ていたと言う時は、
I was watching **TV dramas** last night. あるいは
I was watching **soap operas** last night.
（私は昨晩ドラマを見ていました）
　などと言います。soap opera は、アメリカで初期のドラマ番組にせっけん会社がスポンサーについていたことから来ています。複数の人間同士の関係を描く、定期的に放映される番組を指し、TV だけに限らずラジオ番組の場合もあります。

👆 これも覚えよう

drama の語源はギリシャ語の「行動」という言葉で、そこから派生して英語では「演劇」を意味するようになりました。そのため、drama を dramatic という形容詞にすると、「劇的な」という意味になります。

026

beauty の隠された意味
「素晴らしい点、優れている点」

🔊 026

1. The beauty of this proposal is as follows.
（この提案の素晴らしいところは次の点です）

2. That's the beauty of this solution.
（それが、この解決策のいいところです）

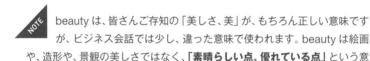 beauty は、皆さんご存知の「美しさ、美」が、もちろん正しい意味です
が、ビジネス会話では少し、違った意味で使われます。beauty は絵画
や、造形や、景観の美しさではなく、**「素晴らしい点、優れている点」** という意
味で使われることが多いのです。

　アメリカ人の営業部員が製品を説明する際、beauty という言葉を使って
いるのを初めて聞いた時には、ずいぶん違和感がありました。販売している
製品は電子機器でしたので。
　あとで beauty には「美しさ」以外に、「素晴らしい点、優れている点」とい
う意味があることを知り、なるほどと思った次第です。今では自分でも、**The
beauty of this idea is as follows.**（この案の素晴らしいところは、次の
点です）などのように、プレゼンで使っています。

　また、**That's the beauty of it.**（それが良いところです）はビジネス会
話では非常によく出てくる褒め言葉です。ぜひ使ってみてください。

027

address の隠された意味

「対処する、取り組む」

🔊 027

We have to address their concerns about our product quality.

（私たちは、当社の製品の品質に関する彼らの懸念に応える必要があります）

 address という英語には「住所、宛先」、あるいはゴルフの「アドレス」などの名詞用法以外に、ビジネスでよく使われる非常に重要な意味があります。それは動詞として使う場合の、**「対処する」「取り組む」「話し掛ける」「演説する」**という意味です。以下に例文を挙げます。

（1）対処する、取り組む

We have to **address the problem** of climate change before it's too late.

（われわれは、今のうちに気候変動の問題に取り組まねばならない）

（2）話し掛ける、演説する

The president **addressed everyone** in the room.

（大統領は、その部屋のひとりひとりに向けて語り掛けた）

　なお、「話し掛ける」という日本語は、カジュアルなイメージがありますが、英語の address は、大統領や天皇陛下が国民に向けて公の場で語り掛けるような場合に使われます。

028

trip の隠された意味

「ある場所へ行く行為」

🔊 028

I finished all my Christmas shopping in one trip.

（私はクリスマスの買い物を一度ですませた）

 trip は「旅行」以外のさまざまな意味があります。

(1)「ある場所へ行く行為そのもの」

これは上の例文で使われている意味で、ビジネス会話で頻繁に使われます。
他にも例を挙げておきましょう。

You don't have go to the office lots of times. You can finish all the
paperwork **in one trip**. （事務所へ何回も行く必要はありません。ペーパー
ワークは1回出社すれば全てすみます）

(2)「足を踏み外す」

A: Are you OK? （大丈夫ですか？）

B: Thank you. Yes, I'm OK. I just **tripped over** that cable. （ありがとう。
大丈夫です。あのケーブルにつまずいただけです）

(3)「足元をすくう、揚げ足を取る」

Please quit trying to **trip me up**. （引っ掛けはやめてくれ［揚げ足を取ら
ないでくれ］）

👆 これも覚えよう

trip、travel、journey の違いをご存知でしょうか？　いずれも旅と訳しますが、
travel は主に動詞として、trip と journey はもっぱら名詞として使います。また、trip
は日帰りなどの短い旅ですが、journey は長旅、あるいは当てのない旅という意味です。
　さらに journey には、「〜への道」という隠喩的な意味もあります。例文を挙げてお
きます。

He's just started his journey on a new career. （彼はちょうど新しい仕事を
始めたところだ）

rich の隠された意味

「ばかげた、不適切な、お笑い種だ」

🔊 029

Are you calling me lazy? That's rich, coming from you.

（私が怠けているって？　あなたにそんなことは言われたくないよ／自分のことを棚に上げて よく言うよ）

> **NOTE**
>
> rich には「裕福な、金持ちの」という意味のほかに、「物理的に恵まれ ている」、「豊かな」、「色などが濃い」、「適切でない、ばかげた」など、さ まざまな意味があります。例文のように **That's rich.** と言うと **「それはばか げている、よく言うよ」** という意味です。文脈に注意するとともに、皮肉めい た口調にも注意しましょう。

rich の他の意味も、例文で確認しておきましょう。

(1)「豊かな」という意味

Rice is very **rich** in nutrition but relatively bland in flavor.

（米の栄養価は大変高いが、味は比較的淡泊だ）

(2)「色などが濃い」という意味

She painted her fingernails a **rich** red.

（彼女は爪に深紅のマニキュアを塗った）

030

connect の隠された意味

「人と人をつなぐ」

◀)) 030

Would you connect me to the person in charge of this project?

（このプロジェクトの担当者をご紹介いただけませんか?）

 connect は「物と物を接続する、つなぐ」という意味ですが、ビジネスでは **「人と人をつなぐ、連絡を取る、紹介する、交流する」** という意味でよく使われます。

　出張者ご用達のアメリカのホテル「コートヤードマリオット（Courtyard by Marriott）」で、軽食サービスの紹介文に The Bistro – Eat. Drink. Connect. とありました。私は当初、この Connect. の使い方が腑に落ちませんでした。職業柄、connect というと、「インターネットにつなぐ」という意味が頭に浮かぶのですが、ここでの connect は「人と人とが交流して」という意味でしょう。

　Apple の創業者の Steve Jobs が行った、2005年のスタンフォード大学の卒業式でのスピーチはご存知でしょう。

　Jobs は3つの話をしますが、その最初が **connecting the dots** （点と点を結び付ける）でした。ある出来事が、その時は全く意味がないと思っていても、後になって結び付き、大きな意味を持ってくる、というエピソードです。彼は、退学してしまった大学のカリグラフィーのクラスで学んだ文字が、後々、Apple Computer の美しい文字を生み出したと言っています。

　このスピーチでの connect は、人と人ではなく、人生の複数の出来事をつなぐという意味で使われています。しかし広い意味では、もう一人の創業者の Steve、つまりスティーブ・ウォズニャックとの出会いも Jobs にとっては connecting the dots だったはずです。「もう一人の Steve」と呼ばれた、この優秀な技術者がいなかったら、今の Apple はなかったでしょう。

must の隠された意味

「(自分の意思で)しなければならない」

🔊 031

I must finish the proposal and submit it to the customer by the end of the day.

（私は今日中にその提案書を完成させて、顧客へ提出しなければならない）

NOTE must は have to と置き換えることはできるでしょうか？　答えは No です。緊迫した状況で使うのは良いのですが、緊迫していない状況で must を使うのは不自然です。must は have to とは違う「**(緊急性を持って) しなければならない**」という意味なのです。例えば、「夕飯の買い物に行かなくちゃ」というような場合には、I must go shopping. よりも、I have to go shopping. が適切なように思えます。

　さらに must は、**自分の意思でしなければならない場合**についてのみ、使います。例えば You must read this book. と You have to read this book. の訳は同じですが、**must の場合は話し手の意思で言っている**のに対して、**have to は周りの状況のせいで～しなければならない**と言っています。
　つまり、must は have to よりも相手への強制力が増します。言われた相手は気分を害したり、あなたに反発したりする可能性もあります。ビジネスでは、**特別な理由がない限りは have to を使った方が無難**だと思います。

032

great の隠された意味

「(皮肉な意味で)最高だ、上等だ」

🔊 032

My proposal's been turned down again. Oh, great!

（私の提案はまた却下された。まったく最高だよ!）

> NOTE アメリカの映画やドラマで、最悪の事態が起きた時、主人公が Great!
> （上等だ）と言うのを聞いたことはありませんか？ 例えば、映画「イ
> ンディ・ジョーンズ」シリーズで、ピンチに陥った主役のインディ（ハリソ
> ン・フォード）は、よくこれを口にします。
>
> これはもちろん、皮肉ですが、アメリカ人はそんな悲惨な状況をも笑い飛
> ばします。自分を鼓舞するために口にする言葉といえるかもしれません。私
> もビジネスの打ち合わせの場で、何度この言葉を聞いたことか、アメリカ人
> は本当に great という言葉が好きなのです。
>
> この例文は、**本心では全く良いとは思っていない時に、冗談めかして
> 「Great!」と言うことで、相手にも含みが通じます**。あきれたように、大げさ
> に言うのがポイントです。
>
> great を文字通りの意味に使う例も挙げましょう。ビジネスの打ち合わせ
> で、こちらからの提案に相手が合意し、事態が前に進む際に、決まって双方の
> 口から出てくるのが **That would be great!** Thank you very much. (そ
> れは素晴らしいですね！ありがとうございます) です。
>
> ビジネスでは That's great! よりも That would be great! の方がより丁寧
> で、プロフェッショナルな響きがあります。ぜひ使ってみてください。

033

home の隠された意味

「（家族が生活する自分の）家」

🔊 033

1. I will be away from home for the holidays next month.

（私は来月、休暇のために家を離れる）

2. Can you see that small house over there?

（あそこの小さな家が見えますか?）

> **NOTE**
>
> houseとhomeは共に「家」と訳しますが、意味は微妙に違います。その違いをご存知でしょうか？ **house** は自分のもの、他人のものにかかわらず**「建物としての家」**を意味しますが、**home** には**「家族が生活する自分の家、家庭」**というニュアンスがあります。
>
> また home は副詞として go home（家に帰る）、get home（家に着く）と使えますが、house は go house や get house とは言えません。go to the house、get to the house と前置詞が必要です。

👆 これも覚えよう

ところで、**Stay home.** と **Stay at home.** の違いは何だと思いますか？ もちろん、どちらも「家にいる」ということですが、私も仕事相手や友人にメールを書く時、どちらを使った方がよいか迷うことがあります。その違いは意味ではなく、誰が言うかだそうです。**アメリカでは Stay home.、イギリス、カナダ、オーストラリアでは Stay at home. と言うようです。**

034

big の隠された意味

「（主観的に）大きい」

🔊 034

This large shirt is too big for me.

（このLサイズのシャツは、私には大きすぎる）

big と large は、共に「大きい」と訳されますが、その違いはなんでしょうか？ **large は「客観的に大きい」**という意味で、**big は「主観的に大きい」**という意味の違いがあります。

また、large にはフォーマルなイメージがありますが、big には口語的、インフォーマルなイメージがあります。

マクドナルドのハンバーガーの Big Mac は恐らく主観、客観の違いに基づくのではなく、身近で、カジュアルなイメージから命名されたものでしょう。

👆 これも覚えよう

large の他にも、大きいことを表現する英語がいくつかあります。

huge: 形やかさが巨大、さらに数量や割合が膨大

enormous: 形が異常に大きく、数量や割合が膨大

vast: 平面的な面積が非常に広い

gigantic: 並外れて大きい

immense: 普通には計り知れない大きさ、数量や割合が膨大

ビジネスでよく使う「大きい」に順番を付けると、**large < huge < enormous** となりそうです。ただし、面積の広さを表すときは vast が使われます。

035

job の隠された意味

「（給料をもらってする）仕事」

🔊 035

1. My job is cleaning houses.
（私の仕事は家々を掃除することです）

2. My work is to be the best mom I can possibly be.
（私の仕事はできるだけ最高の母親でいることです）

> **NOTE** job と work は共に「仕事」と訳しますが、まず、一番大きな違いは、**job は必ず「給与をもらってする仕事」**であるのに対して **work は「金銭のやり取りを伴わないことも含む仕事」**、つまり勉強やボランティア活動も含むということです。
>
> 例文1. についていえば、job を使った文は給与をもらっていることが明らかですが、2. の work を使った文は明らかに金銭は関係ないものです。
>
> また job は名詞で、必ず a job か jobs と数えます。work は名詞として使う以外に、動詞としても使いますね。名詞として使う場合は a work、works とは数えません。例を挙げましょう。
>
> · I have lots of **work** to do today.
>
> （今日はやらなければならない仕事がたくさんある）
>
> · She has several **jobs** at different companies.
>
> （彼女はいくつかの会社で、複数の仕事を担当している）

036

believe の隠された意味

「強く思う、信頼している」

🔊 036

1. I believe there should be a Chinese restaurant around here.
（ここらへんに中華料理屋があるはずです）

2. I believe in you.
（私はあなたを信頼している）

 believe は「信じる」と訳されますが、実は**「強く思う」、あるいは単に「思う」**という意味でも使います。また、**「誰かを信頼している」**という意味でも使います。

　私もお客さまや現地のスタッフと話す時、believe をよく使いますが、I think... ではなく I believe... と言った方が、相手に強い気持ちがよりよく伝わると思います。

👆 これも覚えよう

believe と trust はどちらも「信じる」と訳しますが、その違いはなんでしょうか？ **believe は「相手が話した内容を信じる」**という時に使います。一方、**trust は「相手自身を信じる」**と言いたい時に使います。

　たとえば、**I believe you.** という文は、「私はあなた自身を信じる」ではなく、**「私はあなたが言っていることを信じる」**という意味です。「私はあなた自身を信じる」と言いたい時は **I believe in you.** あるいは **I trust you.** となります。

　TED Talks のスピーチで I believe という言葉の強さを説明したものがありました。サイモン・シネックの "How great leaders inspire action"（優れたリーダーはどうやって行動を促すか）というスピーチです。私は10回以上聞きましたが、英語の勉強にもなり、お勧めです。TED Speech Top 10 で Google 検索すると出てきます。

037

easy の隠された意味

「落ち着いて」

🔊 037

I feel much easier now that I know my mother's operation has been successful.
（母の手術が成功したとわかり、気が楽になった）

> **NOTE** easy という英語は「簡単な」以外にもさまざまな意味があります。例えば、相手が何か難しい作業をしている時、**Easy, easy.** と声を掛ける場合は、「**落ち着いて、落ち着いて**」という意味となります。また、**Take it easy.** と言う時の easy は「**気楽に、のんびりと**」という意味です。
>
> 日本人は別れ際によく「頑張って！」と言いますが、アメリカ人は正反対で、別れの言葉は Take it easy!、つまり「肩の力を抜いて！」です。また音楽で easy listening と言えば「心地良い、心が休まる」音楽という意味で、easy-fit と言えば、「ゆったりとした、身体を締め付けない衣服」、という意味となります。歩き方で easy walking と言えば「ゆったりとした、早くない」ウォーキング、また、easy slope と言えば「なだらかな、勾配がきつくない」坂という意味となります。
>
> このように easy は非常に意味の広い言葉です。easy という単語に出会ったら、本来の意味である「**ストレスのない、リラックスしていて、穏やかで、平和で、心地よい**」状態をまずイメージしてみてはどうでしょうか。そうすれば Take it easy.（気楽に）などの意味が、すぐに腑に落ちると思います。

038

challenge の隠された意味

「難しい課題」

🔊 038

It was a real challenge for me to drive there in one day.

（そこに車で1日で到着するのは、本当に大変だった）

 日本語でいう「チャレンジ」と英語の challenge の意味には差があることをご存知でしょうか？ 日本語の「チャレンジする」は、「前向きに挑戦する」という意味で使われますが、英語の challenge は**「難しい課題、困難なこと」**という意味の名詞として使われます。例文を挙げておきます。

It has been a **challenge** getting the team to agree.

（チームに合意させるのは大変だった）

　例えば、「ヨガにチャレンジしたい」と言う場合、I want to challenge yoga. では、真意が伝わりません。こういった場合、英語の challenge は使われないからです。I want to try yoga. と言えば、日本語のチャレンジの意味になります。

　また、challenge を動詞として使う場合には、**「異議を申し立てる」**という意味になります。例えば、テニスの審判の判定に対して異議を申し立てることも challenge と言います。以下は動詞で使われる場合の例文です。

He **challenged** the court's decision.

（彼は法廷で異議申し立てを行った）

039

shrine の隠された意味

「聖堂、神殿」

🔊 039

A: I went to a Shinto shrine when I was in Tokyo.
（私は東京滞在中に、神社に行きました）

B: Which one?
（どこの神社ですか?）

A: I went to Meiji Jingu.
（明治神宮に行きました）

 外国人に「神社」を説明する時に、真っ先に思いつくのは shrine だと思います。ただ、shrine ＝神社、というわけではありません。shrine の意味は実は非常に広く、元々の意味は、「遺骨、遺物をおさめた箱」です。そこから、「**聖人の遺骨、遺物を祭った聖堂、廟、神殿、祭壇、聖地、聖域**」という意味が生まれました。ということで、外国人に対しては**日本の神社は Shinto shrine** と、より正確に説明した方がいいでしょう。「寺」は Buddhist temple ですが、temple の使い方については、次のページでご説明しましょう。

　BBC のドキュメンタリー番組で "Jerusalem is the shrine of three faiths: Judaism, Christianity and Islam." （エルサレムは、ユダヤ教、キリスト教、イスラム教の３つの信仰の聖地である）というものがありました。つまりこの文脈では、都市そのものが shrine と称されているわけです。
　ここからもわかる通り、**shrine だけで神社を表そうとすると、誤解を招く可能性があります**。神社を説明する時は必ず Shinto shrine を使い、「神道の神殿、神宮」であることを説明するのがよいでしょう。

040

temple の隠された意味

「神のいる場所」

◀)) 040

1. I went to the Temple of Mormon in Salt Lake City, in the U.S. state of Utah.

（私は米国ユタ州のソルトレークシティーのモルモン教の神殿に行きました）

2. I went to a Buddhist temple in Kyoto.

（私は京都の仏教寺院へ行きました）

NOTE　私は、temple は仏教の寺院のことだとずっと思っていました。ところ
が、以前アメリカのユタ州の Salt Lake City へ出張した時、モルモン
教の教会を訪問する機会があり、その時に**キリスト教でも temple という英
語を使う**ことを初めて知りました（なお、モルモン教は、キリスト教系の新宗
教に分類され、本部のあるユタ州を中心に多くの信徒を持ちます。アメリカ
ではカトリック教会、ルーテル教会、バプティスト派、メソジスト派、ディサ
イプルスと共にキリスト教の6大教派の一つとされています）。

　なぜ temple というのかと聞いたところ、モルモン教では church は学校、
temple は神のいる場所、つまり、神殿という意味で使っていることを知りま
した。

　ちなみに、temple を辞書で引くと、「**礼拝所、寺院、聖堂、（ユダヤ教改革派
と保守派の）礼拝堂、シナゴーグ、（モルモン教の）神殿、仏教、ヒンズー教、
ユダヤ教などの神殿、寺院**」などのように定義されています。

🖐 これも覚えよう

ちなみに、神のいる場所（temple）は宗教ごとに呼称が変わります。
キリスト教（Christianity）はチャーチ（church）
ユダヤ教（Judaism）はシナゴーグ（synagogue）
イスラム教（Islam）はモスク（mosque）
　当然ですが、temple は仏教だけのものでなく、いずれの宗教でも存在します。つま
り、私たちが外国人に仏教の寺院（寺）を説明する時には、単なる temple ではなく、
Buddhist temple を使い、仏教の礼拝堂だと理解してもらうといいでしょう。

Noと言わない日本人

　日本人は、その場の雰囲気を壊したくないためか、相手に面と向かって No と言わない、言えない、という人が多いようです。また、少し時間が経過してから No と言って切り抜けようとする人も少なくありません。

　アメリカの技術者が来日して、私の勤務する会社の技術者と毎週打ち合わせを行っていた時の話です。ある製品について、アメリカ人技術者が「こういうことはできますか？」と尋ねたところ、日本人技術者は「即答できないので2週間後にお答えします（I will get back to you in two weeks.）」とのこと。仕方なくアメリカ人技術者は2週間待ち、「で、あの時のお返事はどうでしょうか」と尋ねたところ、回答は「できません」とのことでした。

　それなら、「こういうことは可能ですか？」と違う質問をぶつけたところ、前回と同じく「2週間後にお返事します」と言われ、また2週間待ったのですが、前回と同じく、答えは「できかねます」とのことでした。

　3度目の問い合わせに対して、また日本人が2週間を持ち出そうとしたところ、アメリカ人技術者はさすがに耐えかね、「ちょっと待って。わかっているなら今、No と言ってください」と問い詰めた、ということです。

　別の例を挙げましょう。私が海外現地法人に勤務していた時、アメリカ人の文化人類学研究者の訪問を受けました。日本企業の海外現地法人における、日本人社員と現地スタッフのコミュニケーションについて調査がしたいとのこと。しばらく話を聞くうちに、彼女は驚くべきことを口にしました。彼女が過去に勤務していた日本企業では、上司の日本人副社長から一度も No と言われたことがない、というのです。

　「じゃあ、どうやって副社長は、あなたに No を伝えていたのです

か」と聞くと、この副社長は、そういう時には腕を組んで難しい顔をしてしばらくうなるのだそうです。最初は彼女も、副社長が何を言いたいのかよくわからなかったそうですが、ある時、そのジェスチャーは No ということなのだと気づいたそうです（そして、それ以降は、業務に支障は来たさなかったとのことです）。

これは実話です。そして、日本人とアメリカ人のコミュニケーションにおいて、特別なケースではないかもしれません。

日本人がやりがちな、その場で No と言わない、あるいはジェスチャーで示そうとする、あるいは回答を先送りして相手に No とわからせるというコミュニケーション手法は、北米でビジネスをやっていく上では障害になり、改めるべきでしょう。日本人とのビジネスに慣れている外国人は察してくれることもあるかもしれませんが、そこに期待しては、気づかないうちにビジネス上の大きな損失を生んでいる可能性があります。

また日本人は、No と言うと相手が傷つくのではないか、失礼に当たるのではないか、あるいは、「できない」と言うと、自分に能力がないと思われるのではないかと気をまわしがちです。現地での生活や留学などの体験がある人は感じているかもしれませんが、英語で相手から No と言われる場面は意外と多いもの。そのうち、自分の口からも No と発することに、あまり抵抗がなくなります。

できないことがわかっているなら、その場で No, we can't.、あるいは I don't think that's possible. などとはっきりと伝えられるよう、No と言える日本人を目指しましょう。

good の隠された意味

「充足している」

🔊 041

A: Do you want me to send you a hard copy as well?

（ハードコピー［紙の印刷物］も送りましょうか?）

B: I'm good. Thanks.

（いいえ、結構です。ありがとう）

> **NOTE**
> 上記の例文は、アメリカのパートナー会社へ契約書のデータをメールで送った後の、実際のやり取りです。good は充足した状態、満足した状態を示し、**これ以上のものは必要ない**という意味があります。I'm good. は、文字通りは「私は充足している」ということですが、そこから派生して、**「（充足しているので）結構です (= No thank you.)」「大丈夫です」** という意味になります。
>
> 私の経験では、アメリカ人が No thank you. と言うのをあまり聞いたことがありません。**No thank you. ではなく、ほとんどの場合、I'm good. と言っていると思います。**
>
> 空港の security check で、金属探知機のゲートをくぐった後、問題ない時に security のスタッフから言われるのも、決まって **You're good to go.**（あなたは行って OK です）です。これも「あなたは security check をパスした充足した状態」という意味で使われています。

👆 これも覚えよう

good が使われるフレーズをいくつかご紹介いたします。

- **Good for you.**（良かったですね）
- **Good gracious!**（信じられない!　※これは本当に驚いた時の感嘆詞です）
- **So far so good.**（今のところ順調です）

042

meet の隠された意味
「初対面の人と会う」

🔊 042

I'm planning to meet Mr. Horner from ABC Corp. at 8 a.m. tomorrow.
（明日午前8時にABC社のホーナーさんと会う予定にしてます）

 meet と see はいずれも「会う」という意味ですが、微妙な違いがあります。**meet は初対面の人に会う時に使い、see は初対面でも使いますが既に面識のある人に会う時にも使います**。つまり、〇 I'm very pleased to see you again. とは言っても、✕ I'm very pleased to meet you again. とは言いません。

上の例文は、ホーナーさんとは初対面だろうと推測できます。

👆 これも覚えよう

私はしばらく meeting は物理的に会う面談だけを指し、電話会議の teleconference と区別して使っていました。しかし、アメリカ人は直接会う面談も、電話や Web 会議での打ち合わせも、meeting と呼ぶことを知りました。今は私も、打ち合わせは全て meeting と呼び、直接相手に会う時だけ、**in-person meeting**、あるいは **face-to-face meeting** と、必要に応じて区別しています。

電話や Web 会議でも、初対面の方と挨拶する時は、Nice to meet you！（はじめまして）で OK です。私が過去に参加した電話会議でも、初対面のアメリカ人からは Nice to meet you！と挨拶されました。ただし、直接会うことなく電話会議で2回目に話す時は Nice to see you again! とは言いません。その時は Nice to talk with you again! と言うことが多いようです。

043

enjoy の隠された意味

「満喫する、恵まれている」

🔊 043

Here's our specialty of the house. Enjoy your meal!
（こちら、当店の名物料理です。どうぞお召し上がりください!）

 enjoy は「楽しむ」と学びますが、もっと広い意味があります。例えば
レストランで Enjoy your meal! と言われて少し違和感を持った方は
いませんか？　日本語で「食事を楽しむ」とは言いませんね。

　enjoy には「楽しむ」のほかに**「(ある状態を) 満喫する、享受する」**という
意味があります。それぞれ訳は変わってきますが、無理に「享受する」という、
硬い日本語に訳さない方が良い場合もあります。

　他の例文も挙げておきましょう。

・She **enjoys** a very good relationship with her client's family.（彼女は
顧客の家族と非常に良い関係を築いている　※この文の enjoy は keep とほ
ぼ同じ意味です）

・He **enjoys** the freedom of living alone.
（彼は一人暮らしの自由を満喫している）

・Our team has **enjoyed** some success this season.
（うちのチームは今季、ある程度の成功を収めている）

044

history の隠された意味
「皆さんご存知のこと」

🔊 044

I moved to Palo Alto in 2013 and started working at this company. The rest is history.

（私は2013年にパロアルトに引っ越し、この会社で働き始めました。その後のことは、皆さん
ご存知のとおりです）

 history の訳は「歴史」と学校では学びますが、もっと広い意味があります。例えば、何かある事実を説明した後に The rest is history. と言えば、**「後は皆さんご存知の通りです」**という意味となります。残りの内容が既によく知られていたり、複雑な内容で省略したい時に非常の便利なフレーズです。

　一方、**He is history.** と言えば「彼はもう昔の人、お払い箱だ」という意味になります。ここでの history は**「過去の人」**という意味です。

absurd の隠された意味

「ばかげている」

🔊 045

1. **Do we have to finish checking all these documents tonight? Don't be absurd!**
(この書類全部を今夜、チェックしなきゃいけないって？　ばかなこと言わないでくれ!)

2. **Since the business has been successful, it's totally absurd that you have to close down the shop in a week.**
(商売は成功しているのだから、この1週間でこの店を畳まないといけないというのは、ばかげている)

> NOTE
>
> 「ばかげた」というと、まず思い浮かぶのはstupidでしょうか。stupidより程度が激しいのがabsurdです。アメリカ人はよく使いますが、日本人はほとんど使いません。意味は**「ばかげている、不合理／不条理である、非常識な」**ということです。アメリカ人は理にかなっていない状況があると必ず誰かが、「それはおかしい」と問題提起する習慣があります。日本人はどちらかというと、同調圧力で仕方ないと流してしまうことが多いかもしれませんね。こんな時に使われるのがabsurdです。

👆 これも覚えよう

It's absurd.（ばかげている）と同じような意味で使う英文に、以下のようなものがあります。

It's nonsense.
It's silly.
It's ridiculous.

nonsense（ナンセンス）は日本語にもなっていますね。ただ、ビジネスではIt's absurd.を一番よく聞きます。あまりなじみのない英語かもしれませんが、ぜひ使ってみてください。

046

audience の隠された意味

「合意」

◀)) 046

Please note that it's very hard to get an audience with him.

（彼の合意をとりつけるのは非常に難しいということにご注意ください）

 audience は、「聴衆」という意味でよく使われますが、ビジネスでは **get an audience with ...** で「～の合意／賛同をとりつける」という形で使われます。この audience は**「賛同、合意」**という意味です。

これも覚えよう

audience の類似語に **spectator、crowd** があります。これら3語の違いについて、ご説明します。

spectator　主にスポーツの試合の観客、見物人
Some spectators left the stadium early.（何人かの観客は、早めにスタジアムを後にした）

audience　演劇、映画、コンサート、テレビを見ている人
これはスポーツ観戦には使いません。また集合名詞なので、複数形では使いません。
There was a large audience at the concert.（コンサートには数多くの観客がいた）

crowd　人の集まり
audience 同様、集合名詞で the crowd として使います。
Most of the crowd were supporting Japan.（ほとんどの観客は日本 [チーム] を応援していた）

gift の隠された意味
「才能」

🔊 047

1. **She has a gift for languages. She can speak English, French, German and Chinese.**
(彼女は言語の才能がある。英語、フランス語、ドイツ語、そして中国語が話せる)

2. **This tote bag came as a free gift with a magazine subscription.**
(このトートバッグは雑誌の定期購読のおまけとして付いてきた)

NOTE
gift には「贈り物」という意味の他に**「才能」**という意味があります。才能は神から人に与えられた贈り物ということです。また gift には**「おまけ」**というニュアンスもあります。ただし「おまけ」は英語では、厳密には free gift と言います。

👆 これも覚えよう

present と gift の違いは何でしょう？ **present は家族、友人、恋人といった親しい人の間でのカジュアルな贈り物**です。**gift は目上から目下の人に対する価値ある贈り物、よりフォーマルな贈り物**です。

048

clear の隠された意味

「はっきりした」

🔊 048

Are you clear on this?

（この点を理解されましたか？）

 clear の「曇っていない、透き通った」という意味はご存知でしょう。
ほかにも、不明な点が全くない、つまり**「はっきりした、明確な」**とい
う意味もあります。上の例文はこの意味です。

　また外国の駅のホームで、**Please stand clear of the closing door.**
というアナウンスをよく聞きます。ここで使われている **clear of ... は「〜
がない」**という意味で、stand clear of ... なら、「〜から離れて立つ、[安全の
ため]〜を避けて立つ」ということ。つまり、「閉まるドアから離れてお立ちく
ださい」という意味です。

👆 これも覚えよう

clear が含まれるフレーズに、**clear someone's name**（汚名をそそぐ、潔白を証明
する）というものもあります。例を挙げておきましょう。
He is hoping the new evidence will clear his name.
（彼は新しい証拠が自分の身の潔白を証明することを期待している）

　なお、日本語の「クリアファイル」は、そのまま英語にしても通じません。英語では
plastic file folder と呼ばれています。

049

await の隠された意味

「（ビジネス文章で使う）待ち受ける、待ち構える」

🔊 049

I await your email.
（あなたのメールをお待ちします）

 wait も await も「待つ」という同じ意味の英語ですが、どう違うのでしょう？　実は3つの違いがあります。

（1）自動詞か他動詞か？

wait は自動詞、await は他動詞です。await は目的語が必要ですが、wait は不要です。I can wait. は OK ですが、I can await. とは言えません。I'm waiting for you. は○、I'm awaiting for you. は×です。

（2）口語で使うか否か？

wait はビジネス会話でも日常会話でも使いますが、await は主にビジネスの固い表現として、あるいは何かを強調して表現したい時などに使います。

（3）何を待つか？

wait は人も物も待ちますが、await は通常、物しか待ちません。上の例文のように、I await your email. とは書きますが、I await you. とは書きません。

👆 これも覚えよう

wait は待つ対象を、await は到着を待つアクションに対して使うのが自然です。
○：**I waited for you all night.**（あなたを一晩中待ちました）
×：**I awaited you all night.**
○：**I awaited your arrival all night.**（あなたの到着を一晩中待ちました）
　また、await を使ったフレーズに **long-awaited**（待望の）があります。例文を挙げておきましょう。
The long-awaited sequel was released last month.（待望の続編が先月発売された）

050

engage の隠された意味

「引き込む、魅了する」

🔊 050

A: I tried to engage him in a conversation about our new product, but he wasn't interested.

（わが社の新商品の話に引き込もうとしたが、彼に興味を持ってもらえませんでした）

B: I recommend that you break the ice by talking about baseball before moving on to business matters.

（ビジネスの話題に移る前に、まず野球の話をして口火を切ることを勧めます）

engage は、日本語にするのが少々難しい言葉です。たぶん、「婚約する、従事する」といった意味はご存じでしょうが、ビジネスや日常会話では、「**(人を会話などに) 引き込む**」「**(人を) 魅了する**」という意味で使われることが多いのです。また、「**その対象に意識を集中して主体的に働き掛ける、ある人に対して集中してアプローチし、深い関係を築く**」という意味も持ちます。

👆 これも覚えよう

ビジネスではお客さまとの関係を築くことを engage と言いますが、この英語の意味は広く、**警察、軍隊が交戦状況に入る**という場合も使います。例文を挙げておきましょう。

Police engaged the protestors after they began breaking windows.
（警察は、抗議者たちが窓ガラスを割り始めたので、彼らと交戦状態に入った）

051

relax の隠された意味

「緩和する」

◀)) 051

A: Do you think the U.S. government is planning to relax the rules on immigration?
（米国政府は移民政策を緩和するつもりでしょうか?）

B: No, I don't think they'll do that.
（いいえ、そのつもりはないと思います）

 relax は、日本語の「リラックスする、くつろぐ」に当たりますが、別の意味で使われる場合があります。それは**「(規則や規律を)緩和する、緩める」**という意味です。『ケンブリッジ英和辞典』では to make a rule or control less severe と定義されています。modify とも言い換えられるでしょう。もう一つ、例を挙げておきます。

I think it's too early to **relax** social distancing guidelines across the country. （ソーシャルディスタンスのガイドラインを全国的に緩めるのは、時期尚早だと思う）

👆 これも覚えよう

「リラックスする」という場合の relax の同義語をご紹介します。

chill out 落ち着く
We are chilling out at home. （われわれは家でくつろいでいる）

treat 褒美を与える
I'm treating myself by going to a hot spring. （自分へのご褒美に温泉に来ている）

calm down 冷静になる
I know you're upset but try to calm down. （腹を立てているのはわかりますが、なんとか冷静になってください）

052

carry の隠された意味
「（店で）扱っている」

🔊 052

Sorry, but we don't carry kitchen utensils anymore.
（申し訳ございませんが、当店ではもう台所用品は扱っていません）

 carry の意味は「運ぶ」だと思っていると、このフレーズを初めて聞く
と当惑すると思います。私がアメリカで Walmart（世界最大手のスー
パーマーケットチェーン。日本の西友を傘下に置く）へ買い物に行って、探し
ている商品を聞いたところ、返って来たのが、Sorry, we don't carry that
product anymore.（すみません、当店では、その商品をもう扱っていませ
ん）という言葉でした。

　最初は、この carry の使い方がピンときませんでしたが、今は何か目当て
のものがあって買い物に行く時は、以下のように、まず店員に **Do you
carry ～?**（～を扱っていますか？）と聞くことにしています。

A: Do you **carry** this type of exercise mat at this store?（こちらでは、
このタイプの運動用マットを置いてますか？）
B: Yes, we do, but we are out of stock at the moment.（はい、置いてい
ますが、現在在庫切れです）

053

agenda の隠された意味

「たくらみ」

🔊 053

A: Do you have any idea why he turned down our offer?

（いったいなぜ、彼はわれわれの申し出を断ったのでしょう?）

B: I don't know, but I guess he may have another agenda.

（わかりませんが、何かたくらみがあるんじゃないでしょうか）

 agenda は「議題、予定表」という意味の英語です。**have another agenda** は、直訳すれば「彼は別の議論を持っている」ということですが、これは**「別の目的がある、別の思惑がある」**という意味になります。

アメリカ人との交渉では、相手がこちらが思ってもいないところで折れたり、逆にひどく抵抗されたり、いろいろなことが起こります。うまくいかないときには、相手に another agenda（別の目的、別のたくらみ）があるのではと疑ってみるのもよいかもしれません。それがわかれば、交渉がスムーズに進む場合もあります。

another agenda の類似語は、少し大げさな言い方になりますが、hidden conspiracy（隠された陰謀）です。

054

tap の隠された意味
「仕事を打診する、称賛する」

🔊 054

The CEO tapped Zelda to take over the manufacturing division.

（最高経営責任者は、製造部門を引き継ぐようゼルダを指名した）

 動詞 tap は「軽くたたく、コツコツたたく」という意味ですが、実は幅広く使われる単語です。

　アメリカ人は**良い仕事をした人を褒める時、肩や背中を軽くたたきます**。映画のワンシーンでもよくありますが、良いプレゼンやスピーチをした人を称賛する時、スポーツでファインプレイをした選手を褒める時など、アメリカ人は本当にさりげなく、肩に手を触れてきます。私もお客さまへのプレゼンの後で、同僚に肩を叩かれたことがあります。日本で肩たたきは好ましくありませんが、アメリカではいい意味なのですね。

　また、上の例文のように誰かに**仕事を打診する時**にも使われます。別の英語では、to choose someone for a job ということです。

👆 これも覚えよう

動詞の tap には、上記以外に、**「コツコツと音を立てて歩く」**という意味があります。タップダンス (tap-dance) は皆さんご存意でしょう。その中でもアイリッシュ・タップダンスは特に有名です。

　このアイリッシュダンスには少し悲しい歴史があるのをご存知でしょうか？　16世紀に、イギリスの支配下で、アイルランドでは伝統的な文化活動が一切禁じられました。民族楽器の演奏も禁止されましたが、伝統的なアイルランド音楽の旋律は各家庭でひそかに歌い継がれます。そして外から見られた時に気づかれないよう、上半身は動かさず、腰から下だけで踊るこのタップダンスが生まれたそうです。

055

fluff の隠された意味

「いい加減な情報」

🔊 055

Our company will provide a clear long-term vision, not fluff.

（わが社は明確な長期的ビジョンを提供します、いい加減な情報は提供しません）

 fluff を辞書で引くと、「綿毛、綿ぼこり」などとと出てきます（形容詞 fluffy は「ふわふわした」という意味）。ビジネスでは**「あやふやなもの、いい加減な情報、いい加減な内容」**という意味でよく使われます。米国の調査会社のプレゼン資料の中では、**No fluff.**（いい加減な情報はありません）という表現をよく見ますが、ビジネス会話ではこの意味での fluff がよく出てきます。

　もう一つ、例文を挙げておきましょう。

You have to eliminate the **fluff** in your proposal if you want to convince your customer.（顧客を説得したいなら、提案書からいい加減な情報を削除しなければなりません）

　fluff を動詞として使うと、以下のような**「しくじる」**という意味になります。

Everybody laughed when he **fluffed** his line in the speech.

（彼がスピーチで言葉をとちったら、皆が笑った）

056

company の隠された意味
「同伴者、来客」

🔊 056

1. I feel so comfortable in your company!
（あなたと一緒だと、とても気楽です!）

2. Sorry for the mess. I wasn't expecting company today.
（散らかっていてごめんなさい。今日は来客を予定していなかったので）

 company には、「会社」以外にもいろいろな意味があるのをご存知でしょうか？ 辞書には「仲間、友達、友人」などと出ている場合もありますが、それだけでもありません。上記の例文は**「同伴者」、「来客」**という意味です。いくつか用例を挙げておきましょう。

・Would you like some **company** going to the movie?
（映画に一緒について行きましょうか？）

・I enjoyed your **company** tonight.
（今晩、ご一緒できて楽しかったです）

・I didn't know you had **company**.
（お連れがいらっしゃるとは知りませんでした）

057

otherwise の隠された意味
「さもなければ、その他の点では、それとは違った風に」

🔊 057

I was lucky I was able to catch that flight; otherwise, I'd have missed the meeting.
(そのフライトに乗れてラッキーでした。さもなければ、会議に出られなかったでしょう)

 otherwise には「**さもなければ**」「**その他の点では**」「**それとは違った風に**」といった複数の意味があります。どういう意味になるかは、文脈によって変わってきます。

(1)「さもなければ」
上の例文はこの意味です。他の英語では if not と言い換えられます。別の例文もご紹介しておきましょう。
I think you should get down to the task right now. **Otherwise**, you won't meet the deadline tomorrow. (その仕事にすぐ取り掛かった方がいいと思いますよ。でないと、明日の締切に間に合わないでしょう)

(2)「その他の点では」
他の英語では in other respects, です。
I don't like the design of the windows, **otherwise** the house is perfect. (窓のデザインは気に入らないが、それ以外、その家は完璧だ)

(3)「ほかの、違っている」
Some are wise, some are **otherwise**.
([ことわざで] 賢い人もいるし、そうでない人もいる)

058

absence の隠された意味
「しばらく〜をやっていない」

🔊 058

**After six months' absence from running, I got a
cramp as soon as I began again.**
（6カ月間走っていなかったので、再開するとすぐに足がつった）

 absence は「欠席、不在」という意味でよく使われますが、ビジネス
ではよく**「〜をしばらくやっていない」**、**「〜が欠如している」**という
意味で使われます。上の例文は前者の例です。

「〜が欠如している」の意味の例文も挙げましょう。

I think that the root cause of the repeated problems is the **absence**
of a full investigation.（問題が継続して起きている根本的な原因は、徹底し
た調査が欠如していたせいだろう）

👆 これも覚えよう

absenceを使った言葉に、**absent-minded**という形容詞があります。この言葉は文
字通り訳すと「心が不在である」ですが、**「ぼんやりしている、上の空の、うっかりし
た」**という意味です。例文を挙げておきましょう。
He was absent-minded when he came back to the class.（彼は教室に
戻った時、上の空だった）

column

解雇の風景

　アメリカの営業部員には quota と呼ばれる販売ノルマのほかに、特別な目標を達成したときに支払われる incentive といわれる報奨金があります（ちなみにノルマは英語ではなくロシア語です）。

　また、アメリカの企業では業績悪化に伴い、RIF が実施されます。RIF とは reduction in force の略語で、「解雇、人員削減」という意味です。よくアメリカ映画で見るリストラは RIF のことで、RIF を言い渡された社員は、その日のうちに私物以外、全て会社へ戻して、オフィスを去らねばなりません（ちなみに restructuring [「リストラ」の元の英語] は「再構築する、改造する」という意味です）。

　これは、同僚だったアメリカ人から聞いた話ですが、その人が以前勤めていた会社で大規模な RIF があった時には、数百人いるフロアにメガホンを持った人事の社員が突然現れ、「今日をもってこのフロアの方は全員解雇となります。今日中に私物をまとめて退去してください」と告げたそうです。

　この話を聞いたとき、私はにわかに信じ難かったのですが、本当の話だそうです。ちなみにそのアナウンスの時に外出していた営業部員も同様に、電話で解雇通知を受けたそうです。

　これほど大規模はものではないですが、私が勤務していた会社のカナダ法人、アメリカ法人でも小規模な RIF は何度も実施されました。対象となった従業員は、朝、通達を受け、基本その日のうちに、私物だけを持って会社のビルから退去しなければなりません。付き合いの長かった方の中で RIF 対象となった方もいます。「一緒に仕事ができて楽しかった」という最後のメッセージを個人的に受け取るたびに、私はいつも複雑な気持ちになったものです。

第3章

今すぐ
言ってみたい
センテンス

ここでは、ビジネス会話の潤滑油となる気の利いた英文を、以下の5つの区分けの順にご紹介します。自分から進んで使って、相手に、「こいつやるな！」と思わせるのもよし、また、相手から言われたときにも、こうした知識のストックがあれば、どぎまぎせずにすみますね。もちろん、日常会話にも使えるものも満載です。

♥ 肯定する、元気づける、思いやる、謙遜する、相手を立てる
👆 お願いする、命令する、質問する
🔍 状況や人物を説明する／描写する
☀ 否定する、断る、拒絶する、警告する、見下す
★ ちょっと面白い表現

♥ 肯定する、元気づける、思いやる、
謙遜する、相手を立てる

You're not alone.

「私も同感です」

🔊 059

A: I think there's something fishy about this organization.

（この組織には、何か怪しいところがあるように思えます）

B: You're not alone.

（私も同感です）

NOTE このフレーズの文字通りの意味は「あなたは一人ではない」ですが、会議などで、特に、**相手の意見があまり他の人に支持されていないような時、少数意見と思われる発言に対して「私も同感です」**という時に使われます。

また、**「境遇（特に厳しい境遇）が同じ」**という意味で用いることもあります。別の英語で言い換えると、以下のようになります。

- **I agree.**（賛成です）
- **I feel the same.**（同感です）
- **We're in the same boat.**（私たちは同じ境遇にいます）

👆 これも覚えよう

「あなたの言う通りです」と言いたい時に、**I'm with you.** もよく使われます。相手に特に同意するような場面ではない時には、「あなたの話を理解しています」という意味で使います。

A: I don't think his plan will work.（彼のプランはうまくいくとは思えません）
B: I'm totally with you on that.（その点は、全くあなたの言う通りです）

060

You deserve it.

「よく頑張りましたね、頑張りが報われましたね」

📢 060

A: I finally made it.
（ついにやりました）

B: Congratulations! You deserve it.
（おめでとう！　苦労が報われましたね）

NOTE
You deserve it. は直訳すると「あなたはその価値がある」ですが、**「よく頑張りましたね」**という意味です。これはビジネス会話ではよく使われる表現です。例えば昇進して喜んでいる人に言えば、「今までの苦労が報われましたね」というポジティブな意味です。別の英語では、Your long-term contribution is the reason for your success. （あなたの長期にわたる貢献が、あなたの成功をもたらした）とでも言えそうです。

　その一方、「**自業自得ですね**」という意味もあります。これは、別な英語では、This unfavorable situation was created by you. （この不都合な状況は、あなたのせいです）ということです。こちらも例文を挙げておきます。
A: My brother hasn't spoken to me since our fight. （兄は、けんかをして以来、僕と口をきいてくれません）
B: **You deserve it.** You really let him down.
（自業自得ですよ。あなたはお兄さんをがっかりさせましたから）

♥ 肯定する、元気づける、思いやる、
謙遜する、相手を立てる

My two cents.

「私の意見を言わせていただけるのなら」

🔊 061

This is just my two cents, but I think the system administration department should have a bigger budget.

（私の意見を言わせていただけるなら、システム管理部はもっと大きな予算を持つべきだと思います）

> **NOTE**
>
> my two cents とは、**謙遜して意見を述べる際に使う**表現です。意味は「**私の意見を言わせていただけるのなら**」ということです。意見を言った後、あるいは言う前に、さらっとこの言葉を添えます。This is just my opinion（but ... ）も、同じ意味です。

この言葉の語源には２つの説があります。一つは、聖書の福音書にある、裕福な人がたくさんのお金を寄付したのに対して、貧しい女性が自分が持っている２枚のコインを寄付したという話から来ている、というもの。もう一つは、昔イギリスで意見書の手紙を送るのに２ペニー（米国なら２セント）必要だったからというものです。

意見を言った後だけではなく、**意見を求められていない場面で何か言いたい時**、また、**意見を求められた時**にも使います。こんな感じです。

A: What you do you think about Plan A?
（従来案について、あなたはどう思いますか？）
B: I don't think it will work. I would rather go with Plan B because I think it plays to our strengths. That's just **my two cents**, though.
（上手くいかないと思います。私なら次善策で行きますね、この方がわれわれの強みを生かせると思うので。単なる個人的な考えですが）

例文中の Plan A は「従来案」、Plan B は「次善策」、play to one's strength は「～の強みを生かす」という意味です。

Bless you.

「お大事に」

🔊 062

A: Achoo!
（ハクション!）

B: Bless you.
（お大事に）

NOTE 誰かがくしゃみをした時、周りにいる人はこう言います。God bless you. の短縮形で**「神のご加護がありますように」**というお祈りの言葉ですが、あえて日本語に訳せば**「お大事に」**となると思います。

　このフレーズの背景には、ある迷信が関係しています。英語圏にはくしゃみをするとその人の肉体から魂が抜け出して病気になるという説があり、そうならないために (God) Bless you. （神のご加護を）と声を掛け合う習慣が生まれたそうです。つまり、その人の身体を気づかっての言葉です。

　あなたがくしゃみをして相手にこう言われた時には、「心配してくれてありがとう」、という意味で、**Thank you. と返しましょう。**

　なお、blessing には「了解」という意味もあり、ビジネスではよく用いられます（p. 239参照）。
例文を挙げましょう。

• You have my **blessing** on this subject. （本件を了承します）
• The White House has given its **blessing** to this proposal. （ホワイトハウスはこの提案を了解済です）

❤ 肯定する、元気づける、思いやる、
謙遜する、相手を立てる

Way to go.

「よくやった！、その調子！」

🔊 063

A: It took a while to close this deal, but we have finally come to an agreement with this customer.
（商談をまとめるにしばらくかかりましたが、ついにこの顧客と契約を合意しました）

B: Way to go. We're proud of your team.
（よくやりましたね。あなたのチームを誇らしく思います）

NOTE これは親しい人に対して使う口語表現です。**ビジネスでの付き合いの長い人が、素晴らしい仕事をしてくれたような時**によく口にする、最大の賛辞です。

またこのフレーズは、特にスポーツでよく使われます。アメリカの大リーグでは記念のホームランを打った選手がベンチに戻ってきた時、わざと無視してからかう silent treatment（無言の扱い／塩対応）という習慣があります。大谷翔平が2018年にロサンゼルス・エンゼルスに入団し、ルーキーとして初ホームランを打って、ベンチに戻ってきた時、チームメイトからこの "塩対応" を受けていましたね。少し間があり、戸惑っている大谷翔平選手に対し、チームメイトは大きな声で Way to go!（よくやった！）とハグしていました。

064

I can live with that.

「なんとかなります、私はかまいません、まあいいでしょう」

🔊 064

A: If you accept this promotion, you'll need to work on weekends twice a month.

（この昇進を受け入れたら、月に2回、週末に働かないといけなくなります）

B: I can live with that.

（なんとかなるでしょう）

NOTE

このフレーズの文字通りの意味は、「私はそれと生きていける」ですが、その真意は、**「なんとかなります、かまいません、まあいいでしょう」**ということで、ビジネスはよく使われます。相手が出してきた提案に決して**100パーセント満足しているわけではないが許容範囲内だ**、というときに、このフレーズを使います。

　契約交渉は、常に双方がいろいろな提案を出し合いながら、合意できるポイント探り合うプロセスです。その際にやってはいけないのは、相手がこれでは受け入れないだろうと勝手に決めつけて引き下がることです。これを英語では Don't discount your proposal before you propose it.（提案する前にあなたの提案を値引きするな）と言います。

　相手が納得するポイントは実は意外な点だったりします。そして、この I can live with that. が相手の口から出たら、交渉は進展し始めます。私はいつもこの言葉を求めて交渉の場につきます。

♥ 肯定する、元気づける、思いやる、
謙遜する、相手を立てる

065

You've made my day.

「あなたのおかげでうまくいきました」

🔊 065

A: Thank you very much. You've made my day.
（ありがとうございます。あなたのおかげでうまくいきました）

B: You're welcome. Let me know if you need any more help.
（どういたしまして。また手助けが必要でしたら、教えてください）

 You've made my day. は、文字通りに訳すと「あなたは私の日を作った」ですが、これは相手に対する最大級の褒め言葉です。**「あなたのおかげでうまくいきました。本当に感謝します」**という意味です。

　相手への感謝の言葉はたくさん選択肢を持っていた方がよいですが、これは特にお勧めしたい表現です。ほかのバリエーションも以下にご紹介します。いずれも **Thank you very much. I appreciate it.** とセットで使ってみてください。

- **You're the best.**（あなたは最高です）
  これは最上級の褒め言葉です。
- **We couldn't have reached this stage without you.**（あなたなしでは、われわれはここまで到達できませんでした）
  これは私のとっておきの十八番フレーズです。一度こう伝えたアメリカ人とは、非常に良いビジネス関係を築けています。
- **Your contribution has been excellent.**（あなたの貢献は素晴らしかったです）
- **Excellent!**（素晴らしい！）
  たった1語ですが、これだけで完璧な褒め言葉です。

066

I insist.

「ぜひ、そうさせてください」

🔊 066

A: I'll pay the bill.
（私が勘定を支払います）

B: No, let me get this. Please. I insist.
（いいえ、ここは私が支払います。お願いします。ぜひ、そうさせてください）

NOTE I insist. は、文字通り訳すと「私は主張する」ですが、レストランなど
での支払いの場面でよく使います。「ここは私が支払います。**ぜひ、そ
うさせてください**」という意味です。これに対する返事は、No, let's split the
bill.（いいえ、割り勘にしましょう）とも言えますが、素直におごってもらう
時は、返事にも insist を使って **If you insist, thank you.**（どうしてもと
おっしゃるなら、ありがとうございます［ごちそうになります］）と言うのが
スマートでしょう。

**肯定する、元気づける、思いやる、
謙遜する、相手を立てる**

I'm positive.

「そう確信しています」

🔊 067

This project's going to fail. I'm positive.
（このプロジェクトは失敗しますよ。そう確信しています）

NOTE

positive は「楽観的、肯定的」という意味がありますが、これは、「私は前向きな人間である」という意味ではありません。何か発言した後に I'm positive. と付け加えると「**私は、そのことは間違いないと確信している**」という意味となります。この例文のように、確信している内容は、良いことでも悪いことでも、どちらにも使います。

あなたが何かを発言したあと、周りの人たちが納得がいかないような表情をしている時に、強い口調でこのフレーズを付け加えてください。あなたが心からそう信じているということが、相手に伝わるはずです。

また、**Are you positive?** と言うと、「**本当ですか？**」という意味です。

なお、**Think positively.** と言うと、「**前向きに考えましょう、プラス思考でいきましょう**」という意味です。品詞による使い分けに注意しましょう。

068

Anything you say.

「おっしゃる通りにします」

🔊 068

A: Would you help me mow the backyard lawn?
（裏庭の芝生を刈るのを手伝ってくれませんか?）

B: Sure, anything you say.
（もちろん、おっしゃる通りにしますよ）

NOTE

このフレーズは、文字通り訳すと「あなたの言うことは何でもです」
というおかしな意味になりますが、「**あなたのご要望とあらば、おっ
しゃる通りにします**」ということです。別の英語で言い換えると、**I'll do
whatever you say.**（あなたがおっしゃることは何でもやります）という
ことです。

　上の会話は、まじめなやりとりですが、相手が言った**突拍子もないリクエ
ストや依頼**に対して、**Anything you say!（ハイハイ、わかったよ！）**とい
う軽い調子で返す場合にも使われます。

♥ 肯定する、元気づける、思いやる、
謙遜する、相手を立てる

My door is always open.

「いつでも相談に来てください」

🔊 069

A: If you need any help, my door is always open.
（助けが必要であれば、いつでも相談に来てください）

B: Thank you. I do appreciate your offer.
（ありがとうございます。ご厚意、深謝いたします）

> **NOTE**　このフレーズの直訳は「私のドアはいつでも開いています」ですが、ビジネスの会話では物理的にドアが開いているのではなく、**「いつでも相談に来てください」「いつでも歓迎します」**という意味で使われます。これは、上に立つ立場の人から言われることもありますが、友達同士でも使います。悩んでいたり、困っていたりする相手に対して、いつでも相談してね、という意味で使うのです。
>
> 　実際に、訪ねて来てください、と伝えたい場合には、以下のようにも言えます。
> If you need me, I'm here. You're free to come to my office at any time.
> （あなたが私を必要な時、私はここにいます。いつでも事務所に来てください）

070

The sky is the limit.

「限界（制限）はありません」

🔊 070

The sky is the limit. You can do whatever you want.

（制限はありません。あなたは何でもやってください）

 このフレーズの文字通りの意味は「空が限界です」ということです。
空が限界、とはつまり、**「限界、制限はありません」**という意味です。
The sky's the limit. と短縮形で言われることもよくあります。別の英語で言い換えると、You're free to do anything here.（ここではあなたは何でもできます）ということです。

　例えば客先との契約交渉も大詰め、という場面では、このフレーズはあいまいで使えませんが、**営業活動を始めた新規の客先へ自社の能力をアピールしたいような時**、売り文句としては有効なフレーズです。例えばこのように言えます。

A: If we decide to increase our order, to what extent can you meet our needs?（注文を増やすとしたら、どの程度まで対応していただけますか？）
B: **The sky's the limit.** If you choose to work with us, our many OEM partners give us the flexibility your requirements.（限界はありません。もし貴社が私共と提携される場合、弊社の多くの OEM パートナーが、貴社の要求を満たすために柔軟にご対応します）

071

♥ 肯定する、元気づける、思いやる、
謙遜する、相手を立てる

Correct me if I am wrong.

「もし間違っていたらすみません」

🔊 071

A: Correct me if I'm wrong, but you're saying this problem was caused by the three reasons you've just pointed out?

（間違っていたらすみませんが、あなたはこの問題が、今ご指摘いただいた3つの理由から起きたとおっしゃっているわけですね?）

B: Exactly.

（その通りです）

ビジネスの打ち合わせで自分の発言に自信がない時、ついためらいがちですが、これは、そんな悩みを解消する便利な前置きのフレーズです。私もこのフレーズを知ってから、アメリカ人相手の議論で非常に発言しやすくなりました。ぜひ皆さんも使ってみてください。

　文字通りには、「もし私が間違っていたら正してください」という意味ですが、**言おうとしてることが絶対に正しいと確信している場合、相手の主張や考えに反論する場合にも使います。**ですから、これは **If I'm not mistaken,** とも言い換えられます。他の言い方としては、**In my opinion, / Correct me if I'm mistaken, / If you ask me,** などがあります。

　さらに例文を挙げておきましょう。
A: Let's change direction since this idea isn't working. (この案はうまくいっていないので、方針を変えましょう)
B: Wait. **Correct me if I'm wrong,** but aren't you the one who pushed this idea from the beginning? (ちょっと待って。間違っていたらすみませんが、このアイデアを最初から推していたのは、あなたご自身ではないですか？)

092

072

Welcome to the club.

「（辛い目にあった者同士で）お疲れさま」

🔊 072

A: I have to help finish this job by tomorrow morning.
（この仕事を明日の朝までに終わるよう手伝わないと）

B: Me, too. Welcome to the club!
（私もです。お疲れさま！）

A: Right. At least we can work on it together.
（ええ。少なくともご一緒できるわけですからね）

NOTE　これは、**自分と同じように酷い目にあった仲間にかける慰めの言葉**です。あえて訳すと**「君もそういうことになったか、お疲れさま」**くらいでしょうか。私もかつて、いつも残業しない現地の社員が、残業に付き合わされていたのを見て、Welcome to the midnight club. と言ったところ、周りも皆、苦笑いしていました。

　会費を支払って入る正式なゴルフクラブなどについて話す文脈では、Welcome to the club. の意味はもちろん「クラブへようこそ」ですが、そうでない場合、ビジネス会話で冗談混じりで言われた場合、この club は「酷い目にあっている集団」ということです。

✋ **これも覚えよう**

また、Welcome を使った表現に、**Welcome aboard.** という言い方もあります。これは本来、乗務員が乗客に対して「ご搭乗（あるいはご乗車、ご乗船）ありがとうございます」と声をかける時の決まり文句です。ビジネス英語では、新入社員に対して、**「入社おめでとう、ようこそ」**という意味になります。

♥ 肯定する、元気づける、思いやる、
謙遜する、相手を立てる

I'm not surprised.

「当然です、そうなると思っていました」

🔊 073

A: He won a gold medal at the Olympics.
（彼はオリンピックで金メダルを取りました）

B: I'm not surprised. He was always one of the best athletes.
（当然です。彼はいつも素晴らしい運動選手でしたから）

NOTE　I'm not surprised. は、「（驚きません、むしろ）**そうなって当然です**」という意味です。このように日本語の肯定文を、英語の否定文で言い表すという転換は、よほどそういう場に何度も出くわして、言い慣れていないと難しいものです。タイミングよく、こういうフレーズが口をついて出るようになるには、場数を踏むことが重要です。別の英語で言い換えると、I was sure this was going to happen. (こうなることを私は確信していました) となります。

　もう一つ例を挙げておきましょう。

A: Did you hear the news that MG Broadcast has been acquired by XYZ Technology? (MG放送がXYZテクノロジーに買収されたニュースを聞きましたか？)

B: **I'm not surprised.** (当然ですね)

074

♥ 肯定する、元気づける、思いやる、
　謙遜する、相手を立てる

今すぐ言ってみたい
センテンス

第**3**章

You got it. / I got it.

「（相手の依頼を）承諾しました」「わかりました」

🔊 074

(in a taxi)
A: Where to, sir?（どちらに?）

B: To Yankee Stadium.（ヤンキースタジアムへ）

A: You got it.（承知いたしました）

> **NOTE**　アメリカでタクシーに乗って行き先を伝えると、運転手はよく You got it. と言います。私はしばらく、なぜI got it. ではなくYou got it. なのか？と疑問に思っていました。ある時、アメリカ人スタッフに聞いて、この疑問は解けました。タクシーの運転手は「理解した」のではなく「承知しました」という意味で You got it. を使っているのです。I got it. と You got it. は意味が違います。**I got it. は相手の言ったことに対して「わかりました」という時**に使い、Understood. よりカジュアルな言い方です。**You got it. は相手の頼み事や依頼を「承諾しました」という時**に使います。

I got it. にはもう一つの使い方があります。これも日常的によく使われており、**「私がやります。私にやらせてください、[電話に] 私が出ます」**という意味です。

例えば、飛行機の中で女性が頭上の荷物入れ (overhead bin) から荷物を取り出そうと背伸びをしているような時、周りの男性はすかさず I got it. と言って、手助けをします。私たち日本人もさらっとこの一言を言えれば、素晴らしいですね。例を挙げておきます。

A: Would you take out that baggage, please?（その手荷物を出してくれませんか？）

B: Certainly. **I got it.**（もちろんです。取りましょう）

A: Thank you. I appreciate it.（ありがとうございます。助かります）

肯定する、元気づける、思いやる、
謙遜する、相手を立てる

I'm proud of you.

「よくやった」

🔊 075

Congratulations on passing the graduation tests. We're proud of you.

（卒業試験合格、おめでとう。よく頑張ったね）

> **NOTE**
>
> I'm proud of you. は、文字通りに訳すと「私はあなたのことを誇りに思います」ですが、日本語では日常的にはこういう言い方はしないですよね。このフレーズの意味に近いのは **「よくやった」「よく頑張ったね」** でしょう。
>
> アメリカ人は人を褒めるのが本当に上手で、I'm proud of you. はビジネスでも日常会話でもよく使います。別の英語で言い換えると、You did an excellent job.（あなたは素晴らしい仕事をしました）となります。
>
> 特によく聞くのは、親が子供にこのフレーズを言う場面です。他人から我が子のことを褒められた親が、**Thank you. I'm proud of her.**（ありがとうございます。ええ、自慢の娘です）というふうに言う場合もあります。日本人は、身内を褒められると「たいしたことはありませんよ」などと謙遜しがちですが、アメリカではこれは通用しませんので、気をつけましょう。

No big deal.

「大したことはない」

🔊 076

A: You're coming to the office at 7 a.m. every day?

（あなたは毎日午前7時に出社しているんですか?）

B: Yes. It's no big deal.

（はい。大したことはないですよ）

 これは決まったフレーズで**「大したことはない」**という意味です。別の英語で言い換えると、It's no problem for me.（問題ではない）ということです

　付き合いの長い、イタリア系アメリカ人のセールスマンがいました。彼と日本からのエンジニアと私の3名でイリノイ州シカゴでの打ち合わせが終わった後、飛行機で1時間半の距離にあるニューヨーク州バッファローへ移動し、次のお客さまと翌朝打ち合わせを行う予定でした。

　ところが、シカゴのオヘア空港へ着くと、フライトがキャンセルされてバッファローへその日のうちに到着できないことが判明。バッファローでの翌朝の打ち合わせをあきらめようかと思いましたが、このセールスマンが車で行こうと言い出しました。私は「それは無理では?」言いましたが、彼の口から出た言葉が、まさにこの **No big deal. Let's go by car.**（大したことはない。車で行こう）でした。

　そんなものかなぁ、と思い、3人でレンタカーに乗りましたが、イリノイ州、インディアナ州、オハイオ州、ペンシルベニア州、ニューヨーク州の5州を、夜中に9時間で横断するという、とんでもない出張になりました。そのセールスマンは6時間、私が3時間運転しましたが、バッファローに到着したのは午前3時。むろん、翌朝の打ち合わせには十分間に合いましたが、決してNo big deal. ではありませんでした!　今でもNo big deal. の一言で始まった夜中の9時間ドライブのことを思い出します。

♥ 肯定する、元気づける、思いやる、
謙遜する、相手を立てる

I can't argue with that.

「賛成。、異議なし」

🔊 077

A: I think we should decide on our direction today.
（われわれは方針を今日決定すべきです）

B: I can't argue with that.
（大賛成です）

> **NOTE** I can't argue with that. は、ビジネス会話によく出てくるフレーズです。argue with ... は、「～と言い争う」「～に反対する」ということですね。この否定形なので、**「賛成する、異議なし」**という意味になるわけです。I agree with you 100 percent.（あなたがおっしゃることに百パーセント、賛成です）、I have no objection.（私は異議ありません）なども、同じように使えます。
>
> そして、これは**切り返しの前置きフレーズ**として使うこともあります。
> A: Do you agree with our short-term strategy?（われわれの短期戦略について賛成なさいますか？）
> B: **I can't argue with** the short-term strategy, but what about our long-term strategy?（短期戦略については賛成ですが、長期的な戦略はどうするんですか？）

👆 これも覚えよう

「全く同感」を意味する英文に、**You can say that again.** があります。「本当にそうだね」とカジュアルに言いたい時に使えます。

A: This looks good, doesn't it?（これは良さそうですね、どうですか？）
B: You can say that again.（全く同感）

078

You have my word.

「お約束します」

🔊 078

A: Are you sure you can fix this machine right away?
（本当にこの機械をすぐに修理できるんですか?）

B: Yes. You have my word.
（はい。お約束します）

 文字通りには「あなたは私の言葉を持つ」ですが、これは映画やドラ
マなどにもよく出てくる表現で、意味は I promise. と同じ「**お約束し
ます、保証します**」ということです。

便利な表現ですが、**非常に強いコミットメントを相手に示す言葉**なので、
あまり連発すると逆に信用されなくなるかもしれません。ご注意ください。

この言葉と類似の意味の英語表現を、以下にご紹介します。

・**You have my word on it.**（それについて約束します、保証します）

・**I promise.**（約束します）

・**I'll do it without fail.**（必ずやります）

・**You can count on me.**（私に任せてください）

・**I can guarantee it.**（保証します）

・**Believe me.**（私を信じてください）

♥ 肯定する、元気づける、思いやる、
謙遜する、相手を立てる

We're in the same boat.

「私たちも同じ（苦しい境遇）です」

🔊 079

A: How's business
（ビジネスは順調ですか?）

B: It's been really slow since last month due to the pandemic.
（感染症の大流行のせいで、先月から不振ですね）

A: We're in the same boat.
（私たちも同じです）

> **NOTE**
> このフレーズの意味は、文字通りには「私たちは皆、同じ船の中にいる」ということです。ビジネス英語の文脈では、「**われわれは運命共同体だ**」「**私たちは同じように苦しい境遇にある**」「**皆さん、一緒に頑張りましょう**」という意味を持ちます。
>
> このフレーズは、同じ境遇だと共感を示す時だけでなく、問題が発生した時、一致団結して頑張ろうと皆を元気づける時にも使います。
>
> 別の英語では、The situation's the same for all of us. We have to cooperate with each other instead of trying to find somebody to blame.（私たちは同じ環境にいる。責める対象を探すのではなく、一緒に協力していかなければならない）と言えそうです。

👆 これも覚えよう

boat を使った別のフレーズに **rock the boat** があります。文字通りは「ボートを揺らす」ですが、その意味は「波風を立てる」です。

He did not bring up the subject in the meeting since he did not want to rock the boat at this stage.（彼はこの段階で波風を立てたくなかったので、その議題を会議で持ち出さなかった）

080

♥ 肯定する、元気づける、思いやる、
謙遜する、相手を立てる

今すぐ言ってみたい
センテンス

第3章

Paddle your own canoe.

「自分で道を切り開きなさい」

🔊 080

A: Don't just ask for my advice every time you have a problem. Try paddling your own canoe.

（問題が持ち上がるたびに、私のアドバイスを求めないでください。自分で道を切り開きなさい）

B: OK, I will. I know I have to start making my own decisions.

（わかりました。自分で決断し始めないといけないことは、わかっています）

 Paddle your own canoe. の文字通りの意味は「自分のカヌーを漕ぎなさい」ですが、意味するところは**「自分のことは自分でしなさい、自分自身の力で道を切り開きなさい」**ということです。paddle は、「舟の櫂、カヌーのパドル」という意味です。

この表現は、アメリカの女性権利活動家で詩人のサラ・ボルトンが詩の中で使ったものを、のちに、リンカーン大統領がスピーチでこの表現を引用し、広くアメリカで使われるようになったそうです。古き良きアメリカの開拓者精神が垣間見られる表現だと思います。

別の言い方をすれば、少々長くなりますが、以下のようになりそうです。You are independent and must live your life without always seeking help from somebody else. (あなたは独立した人間なのだから、いつも他人の援助を求めてばかりではなく、自分の人生を生きなさい)。

♥ 肯定する、元気づける、思いやる、
謙遜する、相手を立てる

I cross my heart.

「神に誓います」

🔊 081

A: Will you make sure this work is finished by Friday?

（今週の金曜日までに、この仕事を完了するようご確認いただけますか?）

B: Sure. Cross my heart.

（はい。誓って）

> **NOTE**　cross my heart の元の意味は「十字を切る」、すなわち「お祈りをする」という意味です。この文は、ここから転じて、口語で**「神に誓います」**という意味です。つまり、自分が言ったことや約束したことは真実だということを表現します。例文のように I を省略して **Cross my heart.** と言うこともありますが、同じ意味です。Cross my heart and hope to die. (神に誓います、ウソだったら死んでもいい) という一連のフレーズの形で出てくることもあります。いずれにせよ、口語ですので、**「指切りげんまん」**くらいの、気楽な調子で言われる文です。

Let's sync up.

「意見をすり合わせましょう」

◀)) 082

Do you have some time this afternoon? Let's sync up before we meet the customer tomorrow.

（午後、時間はありますか？　明日のお客さまと会う前に意見をすり合わせましょう）

> NOTE **相手と軽く意見整合をする際に使える**、大変便利な表現です。別の言い方をすると、Let's exchange opinions and synchronize our understanding.（意見を交換し、お互いの理解のすり合わせをしましょう）となりますが、sync up だと短く言い表せるのが良いところです。

　日本では本会議の前に、根回しや意見のすり合わせのための事前会議を2度も3度もやることがありますが、私はアメリカ人から、本番の会議で議論をすればよいではないか、そのための会議ではないかと言われたことが何度もあります。アメリカ人には、日本式の本会議は儀式的で、その前の事前会議でのすり合わせは、非効率的に見えるようです。

　しかし、日本式にも良いところがあります。事前会議で少数の反対意見を先に出させることでガス抜きとなり、本会議で多数派の意見が通った場合、少数派にもある程度、納得して決定事項に従ってもらうことが可能になるからです。

　事前会議で意見をすり合わせよう、とアメリカ人に伝える際に、日本式の会議習慣を一から教えるのは結構大変です。**Let's sync up. というフレーズを使えば、相手は何をしたいのかわかる**ので、本会議での無駄な議論を減らすことができます。

日本人を喋らせてインド人を黙らせる

　私は学生時代から、日本にいるインド人と、社会人になってからはアメリカやカナダにいるインド人と非常に長い付き合いがありますが、例外なく、インド人は皆、話好き、議論好きです。

　日本人とインド人について海外でよく言われているジョークの一つに、こういうものがあります。Let Japanese speak and shut down Indian people, then you can make your meeting successful.（日本人を喋らせて、インド人を黙らせることができれば、あなたの会議は成功します）。

　私はこれは、ジョークではなくて真実だと思います。日本人は非常に慎重で、英語での会議ではわかりきったことを聞くのは恥だと思う傾向が強く、黙っていることが多いようです。一方、インド人はどんな内容でも、発音が正しくなくとも、どんどん発言します。日本人も、このインド人の積極性は見習うべきだと思います。

　インド人が議論好きである点はさておき、インド人と付き合う上で特に気をつけた方が良いポイントがあります。それは時間に関する感覚です。アメリカ人は日本人同様、時間に正確ですが、インド人の時間感覚には苦しみました。

　以前、これを痛感する出来事がありました。それは、客先は時間に厳しいアメリカの会社、機器製造元はインドのパートナー会社という構図の取引でした。

　パートナー会社のインド人は非常に前向きで、依頼したことになんでも Yes と言ってきます。それはよいのですが、約束した時間通りにできないことが多く、問題が発生しても自分の非であることをなかなか認めないことがありました。納期遅れなどの問題が発生するたびにアメリカのお客さまから日本にクレームがあり、それをこのパートナー会社へつないでお願いしても大幅な改善はありません

でした。

　そんな時、あきらめるのでなく、インド人のパートナー会社から出てきた回答を全て鵜のみにせず、ある程度、納期遅れや問題発生を織り込んだ形で付き合っていくようになりました。インドの会社やインド人との付き合い方に手こずっている方も多いことでしょう。相手の国民性や習慣を知った上で、ゆとりを持ってビジネスをしていくことは大切だと思います。

083

Keep me in the loop.

「逐次、状況を教えてください」

🔊 083

A: Keep me in the loop while I'm on maternity leave.
（産休中、逐次、状況を教えてください）

B: Sure. I'll keep you posted on the progress.
（承知しました。逐次、進捗をお知らせいたします）

NOTE これもビジネスで使われる非常に便利な表現です。文字通りには、「私をループ（輪）の中に入れてください」ですが、ビジネスのパートナーや上司、同僚、部下に前もってこう念押ししておけば、**自分だけ知らなかったというようなトラブルを未然に防げます**。また、同じ連絡に関する表現に、Bの **Keep you posted.**（逐次、お知らせします）というものがあります。一緒に覚えておきましょう。

例えばアメリカで、お客さまと直接ビジネスをしている現地法人のアメリカ人販売員に対して、情報を教えてくれとせっつく際、それをさらっと依頼したい時に、Keep me in the loop. は非常に便利なフレーズです。

ただ、私自身は、流儀として、一方的に要求するだけではなく、その交換条件として日本本社サイドの支援も伝えるようにしています。具体的には、Keep me in the loop and let me know if you have any problems. I'll support you at any time.（逐次、私にも状況を教えてください。そして何か問題があったら教えてください。いつでもあなたを助けますから）。そして実際に相手を助けることができれば、信頼関係は更に深くなります。ビジネスは give and take。相手に骨を折ってもらう場合には見返りが求められます。まず相手に give することで信頼を勝ち取れば、物事も円滑に進むと思います。

084

No offense.

「気を悪くしないでください」

🔊 084

No offense, but your proposal's far from satisfactory. You should add some data to support your argument.

（気を悪くしないでほしいのですが、あなたの提案書は、満足には程遠い出来です。ご自分の主張をサポートするデータを追加するべきです）

> **NOTE**　これは、相手に言いにくいことを切り出すときの表現です。offenseとは「侮辱、悪意、感情を害するもの」という意味です。私がこの言葉を初めて聞いたのはカナダの現地法人の同僚からで、非常にストレートにものを言うタイプの人でしたが、必ず冒頭にこの言葉を添えて、厳しい指摘をしてくれました。**「悪気はないのだけれど、悪く取らないでほしいのだが」**という意味です。
>
> 　日本人は面と向かって反対意見を言うことを避けようとする人が多いですが、アメリカ人はストレートに I disagree with you.（私はあなたに反対です）と言うことがあります。とはいえ、ビジネスで日常的に言われている言葉で**相手の立場を尊重しながら反対意見を言う**としたら No offense. は一番適切だと思います。

👆 これも覚えよう

別の言い方をするとしたら、**I could be wrong, but I think ...**（間違っているかもしれないが、私は～と思う）が良いと思います。

　もっとフォーマルに反対意見を言いたいときは、**with all due respect**（お言葉ですが）が正式で、格調高い反対意見の言い方です。私の経験では、アメリカでは法務関係のビジネスパーソンからよく聞きます。

Bear with me.

「少々お待ちください」

🔊 085

Bear with me while I explain why this problem happened.

(なぜこの問題が生じたのかを説明するので、少々辛抱して私の話を聞いてください)

 これは、**電話会議やオンライン会議でよく聞く、相手に待ってもらう時の決まり文句**です。Bear with me. は、**「少々、お待ちください」「もう少し私の話を辛抱して聞いてください」**ということです。

　私もよく使いますが、相手を待たせそうな時に、これをさらっと言っておけば、不必要に相手を不機嫌にさせずにすみます。特に電話会議では相手の動きがよくわからないので、探し物などがあり、少し待ってもらわなければならない時に大変有効だと思います。

　もちろん、対面の際に使うこともあります。打ち合わせなどで、相手に結論をせっつかれることがありますね。そんな場合には、以下のように言うとよいと思います。

A: What's the bottom line? Tell me now. (結論は何ですか？ 今教えてください)

B: Please **bear with me.** I will get to it shortly. (少し待ってください。もうすぐ結論を言いますから)

086

👉 **お願いする、命令する、質問する**

Let me play devil's advocate.

「異論を言わせていただきます」

🔊 086

A: Now, does everybody agree?
（では皆さん、賛成ですか?）

B: Let me play devil's advocate here.
（ここで異論を言わせてください）

A: Go ahead. I want us to cover all possibilities.
（どうぞ。皆さんに、全ての可能性を網羅してもらいたいので）

NOTE　これは少々難しいフレーズですが、打ち合わせなどでよく出てきます。
advocate は「代弁者」という意味で、フレーズを直訳すると、「ここで
悪魔の代弁者を演じさせてください」となります。全体の意味は「**ここであ
えて異論を言わせてください**」ということです。

　日本人だけの会議では満場一致で可決する安心しますが、**アメリカ人の会
議では逆で、皆が同じ意見だと、本当にこれで決めてしまって大丈夫か?と
考えるようです**。こんな時、あえて異論を投げ掛ける際の決まり文句です。

　アメリカ人は学生時代、ディベートを学びます。ディベートは、ある主張に
ついて賛成と反対の2つのグループに分かれ（自分が賛成であろうと反対で
あろうと関係なく）、自分が正しいことを討論によって立証し、勝ち負けを競
います。

　ビジネスでは常に正しい解はなく、市場環境、競合状況など、いろいろな変
動要素がある中でベストの解を追い求めなければなりません。ディベートの
ようにあえて意見を闘わせることで、最適解を導き出す必要があります。
ディベート経験が豊富なアメリカ人と対等に議論する時には、ぜひ play
devil's advocate してみてください。

What's the bottom line?

「結論は何ですか？」

🔊 087

A: There are a number of ways we can tackle this issue. Each one has its pros and cons. Do you want me to explain them one by one?

（この問題への取り組み方はいくつかあります。それぞれ一長一短がありますが、一つ一つ説明した方がよろしいですか？）

B: No. What's the bottom line?

（いいえ。結論は何ですか？）

NOTE

bottom line は、「損益計算書の右下の最終損益」が元の意味ですが、ここでは**「結論は何？　結局、何を言いたいの？」**と聞く時のフレーズです。

　アメリカは移民国家ですので、様々な国から集まった人々が英語という共通言語でコミュニケーションを取るには、結論を先に言った方が行き違いがないのです。

　ビジネスにおいても、日本人のプレゼンは最初に結論を言わない場合が多く、そんな時、イライラしたアメリカ人の口から決まって出てくるのはこのフレーズでした。特に忙しいアメリカ企業の幹部は、こちらが話を始めた途端にこの言葉を口にすることもあります。ですので私は、アメリカ人との打ち合わせの際、まず面談の機会を与えてくれたお礼を述べた後に、必ず **How much time do you have today?**（今日はどのくらい時間がありますか？）と聞くようにしてます。

　そして、まずは結論を言って、なぜそう思うか証明をしていくことをお勧めします。むしろ **Bottom line is as follows.**（結論はこういうことです）と先に言ってしまってもよいのです。

　また、相手に時間がたくさんあることがわかっている場合でも、**最初に結論を言って、論証・具体例を紹介し、最後に再び結論を述べる**、という流れがよいと思います。

088

 お願いする、命令する、質問する

(Let's) take it from there.

「そこから話を続けましょう」

◀)) 088

A: Thank you for coming to the meeting today. We've managed to cover half of the topics.

（本日は打ち合わせにお越しくださり、ありがとうございました。議題の半分をなんとかカバーできました）

B: Thank you, too. Let's have the next meeting on Monday and take it from there.

（こちらこそありがとうございます。来週月曜日に次の打ち合わせを開催し、そこから話を続けましょう）

 これはビジネス会話で、すぐに決断せず、後で決める時に使うお決まりのフレーズです。「**とりあえずそういうことにして、次回、そこから話を続けましょう**」という意味です。

実はこのフレーズには２つの意味があります。ひとつ目は**一旦、議論を中断して再開する**ということ、ふたつ目は、**詳細は今ではなく、再度会った時に決めましょう**という意味です。

上記の B の Let's have the next meeting on Monday and take it from there. は、来週月曜日に議論を再開し、その時に詳細を話しましょう、ということを言っています。

ビジネスでは非常によく使われるフレーズですが、日常会話でもこんな場面で使われます。

Let's meet at 7 p.m. and we'll take it from there.（とりあえず午後７時に会って、そこからまた話を始めましょう）

How does that sound to you?

「あなたはどう思いますか？」

🔊 089

A: We'll propose a 20 percent discount with this deal. How does that sound to you?

（この取引で20パーセントの値引きを提案します。どうでしょう？）

B: Thank you. That sounds great.

（ありがとう。すばらしい）

NOTE　ビジネスで何か提案した後に、**「あなたはどう思いますか？」**と相手に意見や印象を求める時によく使われます。どれも簡単な単語ばかりですが、意外と口を突いて出てこないのではないでしょうか。What do you think? ばかりでは、やりとりが単調になるので、時々こういったものも交ぜてみましょう。

　ビジネスでの交渉で重要なのは、**提案をする前にあきらめないこと。また、どうせ断られるのではないか、と先走って考え過ぎないこと**です。くよくよ悩まず、遠慮せずにまずはぶつけてみてください。私の経験でも、こんな提案、絶対無理だろうと思いながら、試しに出したものが、すんなりお客さまに受け入れられたことがありました。このフレーズはそんな提案をする際に非常に役に立つと思います。

👆 これも覚えよう

動詞 sound を使ったフレーズをもう一つご紹介します。**Sounds like a plan.** とはどういう意味だと思いますか？　これは「いいプランだ」というポジティブな意味なのです。以下に例文を挙げます。

A: How about this?（これではどうですか？）

B: Sounds like a plan.（いい案じゃないですか）

A: Thank you. If everybody agrees, let's go with this plan.（ありがとう。皆が合意するならこの案でいきましょう）

It is what it is.

「しょうがないね、それが現実だ」

🔊 090

A: I can't believe the meeting lasted this long!
（会議がこんなに長引くとは、信じられない!）

B: Ah, well. It is what it is.
（うーん。しょうがないね）

NOTE　会計年度末でまだ売上目標を達成できていないが、あと1週間しかないという時に、アメリカ人の現地法人幹部が口にしたのがこのフレーズでした。売上目標を達成する材料は明らかにない。その現実を受け入れて、来期に向けて頑張ろうという、いつも前向きなアメリカ人には珍しい発言だなと思いました。これを言った彼は経理畑出身で非常に冷静で現実的な考え方をする人物だったということもあるかもしれません。このフレーズは**変わりようのない現実を受け入れざるを得ないことを相手に理解してもらいたい時**に使います。

　類似表現に、**That's the way it is.**（そういうものさ）、**That's life.**（それが人生）、**Que sera sera.**（ケセラセラ／なるようになるさ）などがあります。

　ずいぶん前の話ですが、私の母が亡くなった時、親しくしているアメリカ人の営業部員が聖書の言葉を引用してこんなメッセージを送ってくれました。今でもこの言葉をよく思い出します。

God grant you the serenity to accept the things you cannot change, the courage to change the things you can, and the wisdom to know the difference.（神はあなたに変えることができないことを受け入れる平静な心と、あなたが変えられることを変える勇気、そしてその違いを知る知恵を与える）

"It is what it is." とはまさに "accept the things you cannot change"（変えることができないことを受け入れる）ことだと思います。

091

Here is the deal.

「こんな案はどうでしょう」

🔊 091

A: Looks like we're not going to be able to agree on this.

(この件について、われわれは合意できないようですね)

B: Well, then, here's the deal.

(うーん、では、こんな案はどうでしょうか)

NOTE　ビジネスの交渉で少し行き詰まった時、あるいは、新しいアイデアを思いついた時にそれを切り出すためのフレーズです。ビジネスにおいて、deal は「商談」を意味することが多いのですが、この文の本当の意味は **「こんな案はどうでしょうか？」「こうしましょうか？」「ある案を思いついたので、これから言うことをよく聞いてくださいね」** ということです。これから述べる新提案について、相手の注意をぐっと引きつけたい時に出すと効果的な言葉です。

　なお、deal には、「相手との商談で合意した、成立した」という意味があります。以下に、それを表現するいくつかの用例を挙げてみましょう。

・**You have a deal.**（商談成立しました）

・**The deal is done.**（同上）

・**It's a done deal.**（それはもう、うまくいったも同然だ）

092

Let's face it.

「現実を直視しましょう」

◀)) 092

A: Let's face it – this problem isn't going to go away unless we do something about it.
（現実を直視しましょう。この問題は、何かわれわれが手を打たなければなくなりません）

B: I agree. Before we can dream about the future, we have to fix the current problem.
（同感です。未来を夢見る前に、現在の課題を解決せねばなりませんね）

　Let's face it. は文字通りは「それに顔を向けましょう」という意味ですが、会議などで、あまりにも現実離れした議論が続くとき、**「現実を直視しましょう」**というニュアンスで使います。

　ビジネスで重要なのは、言うまでもなく常に現実、事実を素直に見る姿勢です。このフレーズは、それこそが問題の解決に向けた第一歩であることを思い出させてくれる重要な一言です。

　以前、お客さまに納入した機器でトラブルが多発したことがありました。その時、アメリカの現地法人で対策チーム（**tiger team**。p. 263参照）が結成されました。このチームの最初の打ち合わせでアメリカ人のリーダーが言ったのが Let's face the reality first.（まずは現実を直視しましょう）だったことを、今でも覚えています。

👆 これも覚えよう

Wake up and smell the coffee. という言い方を聞いたことはありますか。「起きてコーヒーの匂いをかぎなさい」ということですが、転じて**「現実を直視してください」**の意味になりました。面白い表現ですね。例えばこのように使います。

Look at the situation around you. And wake up and smell the coffee.
（あなたの周りの状況を見てください。そして現実を直視してください）

093

That's the name of the game.

「肝心なのはそこです」

🔊 093

To survive this economic stagnation, the president says making savings, not investments, is the name of the game.
(この経済不況を乗り切るためには、社長は、投資ではなくコストの節約が肝心だと言う)

文字通りには「それがそのゲームの名前です」となりますが、**「肝心なのはそこだ」**という意味になります。相手が言ったことが的を射ている時に使う言葉です。アメリカ人との会議中に、何度もこの表現を聞きましたが、要点や核心に触れた時に必ず出てきます。ご自身でも使ってみてください。コミュニケーションにメリハリがつくでしょう。

　ビジネス交渉とはお互いに提案を出し合うプロセスです。たった1回の提案で交渉が終わることはありません。提案が行き交う中で、合意できる点と合意できない点が明確になり、双方が何を一番重要視しているのかも見えてくるでしょう。ここまで到達したら、交渉は終盤です。
　こちらから出した提案について、相手がこの That's the name of the game. を言ってきたら、それが、相手が最重要視しているポイントです。**相手にこれを言わせることが勝負の決め手です。**

094

This is a heads-up.

「事前に言っておくけど」

🔊 094

This is a heads-up. The starting time is 8 a.m. tomorrow. Don't be late. Be there at 8 a.m. sharp.

（事前に言っておきますが、明日の開始時間は午前8時です。遅れないように。必ず8時きっかりにそこにいてください）

NOTE　頭を下げていては何も見えませんが、頭を上げて周りを見渡すと、何が起きるかよくわかりますね。heads-up とは、文字通り「頭を上げる」ことで、ここから**「注意喚起、警告」**という意味を持ちます。notice や warning などとも言えます。This is a heads-up. で「事前に言っておくけど」という意味になります。**Thanks for the heads-up.**（知らせてくれてありがとう）、**Give me a heads-up.**（前もって教えてください）のようにも使います。　複数形のように見えますが単数形扱いで、a heads-up となることにも注意しましょう。

095

Two down, one to go.

「あともう少しだ」

🔊 095

We had three projects to prepare, and we've now finished the second one. So, two down, one to go.

（準備すべき企画が3件あって、今、2件目が終わった。つまり、今、2アウト、あと一人というところだ［あともう少しだ］）

NOTE
これは野球で「今、ツーアウト、あとアウト1つとれば試合終了＝勝利だ」といった状況で使われます。省略のない英語にすると、two things have been completed and there's one more thing left to do（**2つは終わった。あと1つでこのプロジェクトは完了！**）といった意味で、ビジネス会話でもよく使われます。Two down and one to go. とも言います。また、状況次第で down の前、to go の前にどんな数字を置いてもかまいません。また、ここから派生して、単に**「もう少しだ。みんな頑張れ！」**という意味でも使われます。

🔑 連想ボキャビル

野球用語の英語をご紹介します。

ballpark figure 概算価格
Let me know a ballpark figure.（概算価格を教えてください）

touch base 連絡を取る
It was nice talking to you on the phone. I'll make sure I touch base with you from time to time.（電話で話ができてよかった。必ずまた、折に触れて連絡させていただきます）

096

👉 お願いする、命令する、質問する

Let's talk offline.

「別途、話をしましょう」

🔊 096

I don't want to get into that here, so let's talk offline about this.

（それについてはここでは触れたくないので、別途、お話ししましょう）

 会議や打ち合わせなどで、「**あとは一対一で、あるいは小人数で非公式にフランクに話をしましょう**」と、相手に持ち掛ける時に使う表現です。このフレーズを使う場面はこんな時です。

（1）会議で、一部のメンバーが本題からそれた話題を持ち出して、本題に戻れなくなってしまった時。

（2）その場での解決ができないのに時間だけが経過してしまう時。これ以上、参加メンバーだけで議論を継続しても、生産的でないと判断した場合。

（3）大勢のメンバーで議論すると上手くいかない交渉事。decision maker（意思決定者）、あるいは実務担当者と一対一で議論した方が、自分、あるいは自社に有利だと判断される場合。

　過去に私が参加した英語での打ち合わせでは、上の全てのケースを体験しました。また、このフレーズを会議の参加者が言い出したケース、あるいは自分で言い出したケース、いずれの場合もありました。参加者の時間を無駄にせず、ビジネスを前進させるために非常に役に立つフレーズです。ぜひご活用ください。

097

Please wait. I'll get to it.
「ちょっと待って、これから話すから」

🔊 097

A: Would you explain how you came to this conclusion?
（どうやってこの結論に達したのか、説明してくれますか?）

B: Please wait. I'll get to it.
（待ってください。これから説明しますから）

NOTE

打ち合わせや会議などで、これから話そうと思っていることを、相手が先走ってどんどん質問してきて、困ることがありますよね。そんな時に「**これから説明からちょっと待ってほしい**」という意味で使う表現です。**get to ...** は「**〜に達する、〜に取り掛かる**」といった意味です。

「これから話す」は、I'll talk about it later. などが思い浮かぶかもしれませんが、この will get to it の方が、口語的でこなれた表現です。この2つのセンテンスを一組として覚えておくといいでしょう。

私も相手の説明が待ちきれず、いろいろと質問をしてしまい、相手からこう言われたことがあります。逆に相手から矢継ぎ早に質問をされた時には、この言葉を返しておけば、相手は待ってくれるはずです。

098

Are you with me?

「私の話についてきていますか？」

🔊 098

Are you with me? If there's anything you don't understand, feel free to cut in and ask.

（私の話についてきてますか？　もし何かわからないことがあったら、いつでも話をさえぎって、質問してくださいね）

 これに対する回答は、ついていけているのであれば、**Yes, I'm with you.** （はい、わかっています）です。Are you with me? に似たような表現をご紹介しましょう。

- **Am I making myself clear to you?**（私の言うことはおわかりですか？）
- **Do I make myself clear?**（〃）

　ちなみに、Are you with me? は尊大な言い方ではないですが、以下の例は、上からものを言っている感じで、失礼な印象を相手に与えます。もちろん、そういう意図をわざわざ持たせたいのであれば、その効果を知った上で使う分にはかまいませんが。

- **Do you understand?**（理解していますか？）
- **Is that clear to you?**（私の言っていることは明瞭ですか？）
- **Are you listening to me?**（私の話を聞いていますか？）

　失礼な言い方であることを知らずにアメリカのお客さまに Do you understand? を連発し、相手の表情がどんどん険しくなっていくのを見たことが何度もあります。Are you with me? は**非常にシンプルですが、一番上品に相手の理解を確認する表現**ですので、特にお客さまと話をする時は、これをお勧めします。

099

Let's call it a day.

「今日はこのぐらいにしておこう」

🔊 099

Let's call it a day and go eat.
（今日はこのぐらいにして、どこかに食べに行こう）

別の表現で、Let's hit the road. というのもあります。「道路を蹴って帰ろう」というのが元の意味ですが、同じことを指します。Let's call it a night. となると、「今夜はこのぐらいで引き上げよう」という意味です。

仕事の始業から終わりまでを表現する英語をまとめてみます。

· **Let's get started.**（始めましょう）

· **Let's have 10 minutes' break.**（10分休憩を取りましょう）

· **Let's have our lunch break. We'll resume the meeting at 1:30 p.m.**
（ランチ休憩を取りましょう。午後1時半に打ち合わせを再開します）

· **See you (tomorrow).**（お先に［また明日］）

👆 これも覚えよう

「お先に！」にあたる英語をほかにご存知ですか？ See you. とか See you tomorrow. などでもいいと思います。もう一つご紹介したいのは、**I'm outta here.** です。仕事が終わって帰宅する時、アメリカでもカナダでも、このように周りの人に宣言します。I'm out of here. の発音を短縮した言い方で、発音は「アウラヒア」のように、ぞんざいに、素早く言うのがコツです。周りにまだ人がいる時に、「お先に」と、誰にともなく声をかける、そういった感じで言ってみてください。

A: Well, I'm done. <u>I'm outta here.</u>（さてと、終わった。お先に）
B: See you tomorrow. Take care.（また明日。気をつけて）

100

You didn't hear this from me.

「ここだけの話だけど」

🔊 100

You didn't hear this from me, but Henry is going to leave the company next week.

（ここだけの話だけど、ヘンリーは来週、会社をやめるんです）

 これは内緒話を相手に伝える時に、よく使うフレーズです。**「これは私から聞いたことにはしないでください」「私から聞いたと言わないで」**、つまり**「ここだけの話だけど」**ということです。You didn't hear this from me, but ... というふうに、この後に何かが続く形で使われることもよくあります。**This is just between you and me.**（あなたと私の間だけの話ですが）とも言います。

　これは決まり文句ですので、このまま覚えてください。Please don't tell anybody else what I'm going to tell you now.（今からあなたに言うことは誰にも話さないでください）と言っても同じ意味ですが、より短い文で的確に意図が伝わる、非常に効果的な言い方だと思います。

101

Let's get down to it.

「本題に入りましょう」

🔊 101

A: So much for self-introductions. Let's get down to it.

（自己紹介はこのくらいにして、本題に入りましょう）

B: I agree. Let's get started.

（そうですね。早速始めましょう）

このフレーズは文字通り訳すと「そこに降りていきましょう」ということですが、ビジネスの打ち合わせの席では**「本題に入りましょう／取りかかりましょう」**という意味で使われます。**Let's get down to business.** でも同じ意味です。

　打ち合わせの際、日本人は、挨拶とお互いの理解を深めるためのよもやま話に時間を使いすぎる傾向があるようです。アメリカ人とビジネスをする際には、そうした前置きは最小限にとどめて、早めに本題に入る必要があります。裏を返せば、相手方のその冒頭パートが短かったからといって、素っ気なくされている、嫌われている、と思わなくてもよいのです。これは、お互いの時間を有効活用して、ビジネスをスムーズに進める上で、非常に重要なフレーズです。

102

👉 **お願いする、命令する、質問する**

Do the math.

「ちょっと考えたらわかるはずでしょ」

🔊 102

A: Sorry, but I don't understand how you arrived at this conclusion.

（すみませんが、なぜあなたがこの結論に至ったのかがわかりません）

B: Do the math.

（よく考えたらわかるはずです）

NOTE math とは mathematics のことで、文字通りには「（自分で）計算しなさい」という意味です。ここから転じて、「論理的に考えなさい」、さらには、相手を「ちょっと考えたらわかるはずでしょ」と諭す時に使うフレーズです。ただし実際には、論理的に、といっても難しいことではなく、**答えが明らかにわかっている場合や、ちょっと頭を使えばすぐわかる場合などに用いられます**。You do the math. とも言います。

➥ **お願いする、命令する、質問する**

First things first.

「まずやるべきことをやりましょう」

🔊 103

A: First things first. Let's talk about the budget.
（まずやるべきことから。予算について話をしましょう）

B: Sure. Please take a look at this chart.
（了解。このグラフをご覧ください）

> **NOTE**
> First things first. は、文字通りには「最初のことは最初に」ですが、**「重要なことから着手せよ」**という意味です。ビジネスの打ち合わせでは非常によく使われるフレーズです。自身で発することもあれば、上司が部下に対して、**「やっていることの順序が違いますよ」「優先順位を考えなさい」**と注意する時に使うこともあります。日常会話では、「まずは、とりあえず」というカジュアルな意味で使うこともあります。thing ではなく、things となることに注意しましょう。

✋ これも覚えよう

このフレーズに近いものに、**The first thing in the morning. (朝一番で)** があります。例えばこのように使います。
Let's start meeting first thing tomorrow morning.（明日朝一で、会議を始めましょう）

　アメリカ人と仕事をしてわかったのですが、夜遅い打ち合わせや、残業はあまり歓迎されませんが**早朝の打ち合わせは苦にならないようです**。日本と違い通勤時間が短いということもありますが、いろいろ聞いてその理由がわかりました。家族との夕食に間に合わないのは離婚の理由にもされるが、家族がまだ寝ている朝早い時間に出勤するのは問題ないようなのです。もちろん、全ての家族がそうであるかはわかりませんが。

104

How did it go?

「どうでしたか？」

◁)) 104

A: How did the meeting go?
（打ち合わせはどうでした？）

B: It went very well. Thanks for asking.
（非常にうまくいきました。聞いてくれてありがとう）

 動詞 go には「行く」という意味のほか、「ことが進行する」という意味があります。この How did it go? は**「どうでしたか？」**ということです。アメリカ人はこのフレーズを日常会話でもビジネス会話でもよく使います。私もこのフレーズを使っていますが、最初は go という単語を使うことにしばらく違和感がありました。なお、文中の it は、ほかのいろいろな言葉に代えられます。例えばこのように。

A: **How did the interview go?**（面接はどうでした？）

B: I thought I did pretty good.（かなりうまくやったと思います）

👈 これも覚えよう

go には他にも多くの意味があります。アメリカ人は非常によく使う一方で、日本の学校英語ではあまり学ばない意味の一つに、**「〜に合う」**という意味があります。
I think this plaid shirt goes well with your pants.
（この格子縞のシャツは、あなたのズボンとよく合うと思いますよ）

105

He is a character.

「彼は面白い人です」

🔊 105

A: What kind of person is he?
（彼はどんな人ですか?）

B: He's a real character and really fun to deal with.
（彼は本当に面白い人で、付き合うのがすごく楽しいです）

> **NOTE**
> これは、**「彼は面白い人です」**、**「彼は楽しい人です」**という意味です。「個性的」、「変わっている」という含みもありますが、strange と違い、悪い意味は全くありません。むしろ親しみを込めて言っています。
>
> あるとき、マシンガンのような早口でしゃべる、独特な雰囲気を持ったお客さまとの打ち合わせがあったのですが、お客さまが帰られてから、同僚のカナダ人セールスマンが、このように表現していました。

👆 これも覚えよう

人の性格を表す形容詞は非常にたくさんありますが、いくつかご紹介します。

friendly（気さくな）
shy（恥ずかしがりやの）
kind（思いやりがある）
mean（いじわるな）
honest（正直な）
faithful（誠実な）
polite（礼儀正しい）
serious（まじめな）
funny（面白い）
nervous（神経質な）

easygoing（気楽な）
patient（辛抱強い）
childish（子供っぽい）
selfish（わがままな）
talkative（おしゃべりな）
down-to-earth（現実的な）
high-maintenance（手がかかる、わがままな）
※これは特に女性に対して使われ、男性には使われない表現です。

106

That's been taken care of.

「もう支払い済みです」

🔊 106

A: Where's the bill?
（勘定書はどこですか?）

B: Don't worry. That's been taken care of.
（心配ご無用。支払いはもうすませました）

A: Oh, thank you so much.
（ああ、ありがとうございます）

That's been taken care of. は「それはもう処理済みです」という意味の英語ですが、レストランでは「**もう私が支払いました（お会計は気にしないで）**」という時に非常によく使われるフレーズです。

　この言い回しは、アメリカ人の同僚がよく使っているのを聞いてから自分でも使うようになりました。大変気に入っているフレーズです。**We've paid the bill already. という、pay を使った直接的な言い方よりもずっとエレガント**だと思いませんか?

　これはレストランでの支払いだけでなく、ホテルの予約、飛行機、鉄道の予約が手配済みの時、あるプロジェクトで必要な段取りが既に組まれている時などにも使える、便利な表現です。他にも例文を挙げましょう。
A: What are we going to do about getting an installation crew on the site?（現場の設置スタッフの確保は、どうしますか?）
B: Don't worry. **That's** already **been taken care of.**（心配ご無用です。既に段取りは完了しています）

🔍 状況や人物を説明する／描写する

Yes and no.

「どちらとも言えません」

🔊 107

A: Do you think you can cut down on expenses?
（経費を削ることはできますか?）

B: Yes and no. Let me explain what I mean.
（どちらとも言えません。どういう意味か、説明させていただきます）

NOTE　即断即決のように見えるアメリカ人でも、その場でイエスかノーか決められない、ということはもちろんあります。そんな**条件によっては Yes にもなるし、No にもなるような場合**、このフレーズが登場します。次に挙げるフレーズはいずれも Yes and no. の類似表現です。

　· **It depends.**
「条件次第ですね」
　· **I'm not sure.** あるいは **I really don't know.**
「(本当に) わかりません」
　· **I can't answer today. Let's wait and see.**
「今日は答えられません。今後の様子を見てみましょう」

　英語にもこうしたどっちつかずの表現はあります。正直に、判断を迷っていることを伝え、その理由を説明すればよいのです。

108

It takes two to tango.

「お互いさまです、両方の責任です」

🔊 108

A: You're the development leader of this product, and so the poor sales are your responsibility.
（開発責任者はあなたなのですから、この製品の販売不振はあなたの責任です）

B: That's not true. The sales team completely let us down. It takes two to tango.
（それは違います。販売チームにはまったくがっかりさせられました。お互いさまです）

 文字通り訳すと「タンゴを踊るには2人が必要」ということですが、このフレーズの本当の意味は、何か争い事が起こった時、**「お互いさまです、両方の責任です」**という意味です。古い言葉で言えば**「けんか両成敗」**となります。他の例も挙げておきましょう。

A: Did you watch the baseball game yesterday? The closing pitcher was terrible.（昨日の野球を見ましたか？　クローザー [抑えのピッチャー] がひどかったですね）

B: **It takes two to tango.** The catcher wasn't any better. You can't just blame the closer.（[バッテリー] 双方の責任ですよ。キャッチャーも良くありませんでした。クローザーだけを責めることはできません）

👆 これも覚えよう

タンゴはラテンアメリカ発祥のダンスで、アメリカに紹介されて人気に火がつきました。その後、1950年代にこの "It takes two to tango" というタイトルの歌が大ヒットしてアメリカ人の間に広まったそうです。「何か問題が起きたら原因は双方にある」という意味で使われるようになったのは、この歌が有名になった後だそうです。

109

🔍 **状況や人物を説明する／描写する**

Nothing is carved in stone.

「まだ何も決まっていません」

🔊 109

A: Have you fixed our final printing schedule?
（最終の印刷スケジュールは決まりましたか?）

B: No, nothing has been carved in stone yet.
（いいえ、まだ何も決まっていません）

NOTE
carved in stone は、石に刻まれた、という意味。Nothing is carved in stone. は、**「まだ何も決まっていない」**という意味のフレーズです。

また、**「あきらめるのは早い」**というニュアンスを持つこともあります。昔、アメリカで客先との難しい商談が終わり、帰社した時のこと。日本からの出張者は、客先から競合相手の名前が何度も出たので、うちに勝ち目はないのでは、とあきらめかけていたところ、現地法人のアメリカ人スタッフが、Nothing is carved in stone.（まだ勝負はついていない）とつぶやきました。

すっかりあきらめている仲間に、まだチャンスは残っている、と元気づけたい時にぜひ使ってみてください。

👆 **これも覚えよう**

同じく「勝負はこれからだ」を意味する文に、**The game has just begun.** があります。文字通りの意味は「試合が今始まった」ということですが、試合や交渉事などで、自分側が少し劣勢の時に使います。意味は**「まだまだ。勝負はこれからだ」**ということ。いかにも負けず嫌いなアメリカ人らしいフレーズだと思います。
A: I don't think we'll win that bid.（あの入札に勝てるとは思いません）
B: Come on, your presentation was great. Besides, it's too early to tell. The game has just begun.（何を言ってるんですか、あなたのプレゼンは素晴らしかったですよ。それにまだ決めつけるのは早い。勝負はこれからです）

ちなみにこちらは、序盤戦で発する言葉ですが、Nothing is carved in stone. は終盤戦で用います。

132

110

What choice do I have?

「こうするしかありません」

🔊 110

I had to choose Plan B. What choice did I have?

（次善策を採用するしかありませんでした。ほかに選択肢はなかったので）

 文字通りは「私にはどんな選択肢がありますか？」という疑問文ですが、これは**反語で、「これしかありません、こうするしかないのです」**という意味です。強く相手に訴えたい時にも使えるフレーズです。I had to choose Plan B.（次善策を採用するしかありませんでした）、あるいは I had no other choice but to go with Plan B.（次善策を採用するしか、ほかに手はありませんでした）とも言い換えられます。

　以前、アメリカ法人のアメリカ人社員から「日本人幹部は、なぜ、選択肢が5つあるときに判断せず、選択肢が最後の一つになってようやく判断するのか」と、皮肉を言われたことがあります。その時に彼の口から出た言葉が、この **What choice do they have?** でした。

　彼の言うことはもっともで、日本人のビジネスパーソンは、さまざまな情報を全て手元に集めてからでないと、決断しない人が多いようです（もちろん、そうではない人もいますが）。

　アメリカ人はかなり早い段階で、その時にある情報だけで決断し、それで大失敗することもあります。一方、日本人は非常に慎重で、他社が決断した後、その結果を見て決めようとします。それが結果的に賢明である場合ももちろんあります。しかし、仕方なく最後の1つの選択肢を選べば、その結果得られるリターンはライバル会社よりもはるかに少なくなります。判断に必要な情報が100％集まることはなかなかありません。ある時点で見切って決断することは、ビジネスパーソンに求められる基本的資質ではないでしょうか。

Let me put it this way.

「こう言い換えましょう、つまりですね」

🔊 111

If it's still difficult to understand, let me put it this way.

（まだ理解しづらいようでしたら、こう言い換えてみますね）

NOTE　自分の言ったことが相手に通じない場合に、**「つまり～ということです」**と言い換えるときに非常によく使う表現です。動詞 put は「置く」という意味が一般的ですが、ここでは、「言葉に置き換える、表現する、言う」という意味で使用されています。

　私はアメリカ人の営業部員と日本人技術者との板挟みになることがよくありました。日本人はその場で即座に Yes、No を言わないので、アメリカ人の営業部員は自分が言ったことが理解されていないと勝手に思い込み、**Let me put it this way.** を連発。別の英語で何度も言い換えようとし、時間ばかりが過ぎてしまうのです。

　実は日本人技術者は質問がわかっていないのではなく、だいたいは Yes とも No とも即答できずに困っているのです。そんな時、私は間に入って We understand what you are saying. We just can't answer now. Could you give me another day?（おっしゃることはわかっています。今、お答えできないだけです。一日待ってくれますか？）と言うと、相手も即座に状況を把握してくれ、これでお互い無駄な時間を費やさずに済んだことがよくありました。

　母国語が違う者同士がコミュニケーションを取る上で、このフレーズは非常に有効です。また、同じ意味で **Let me rephrase it.**、あるいは **Let me say it another way.** のようにも言えます。

112

It's a whole new ball game.

「(いままでと異なる)全く新しい状況(話)です」

🔊 112

A: Do you have any idea what our competitor is proposing?

(競合相手は、いったい何を提案しているのでしょうか?)

B: No, but we should be very careful. They are proposing a totally new approach. It'll be a whole new ball game.

(わかりませんが、重々、注意した方がいいですね。彼らは真新しいアプローチを提案しています。今までとは全く違う状況になるでしょう)

 a whole new ball game は直訳すると、「全く別の野球の試合だ」ということですが、これはビジネスの会話でよく使われる表現で、**「(今までと異なる、期待していたものとは違う) 全く新しい状況／事態」** を指します。whole はここでは、「完全に、全く」という強意の副詞です。

👆 **これも覚えよう**

ちなみに、球技の種類はたくさんありますが、アメリカ英語でball gameと言えば、だいたい野球を指します。野球はアメリカ発祥のスポーツですので、野球にルーツを持つ英語表現は非常にたくさんあります。いくつかご紹介しましょう。

a ballpark figure (概算) ※これはビジネスの打ち合わせでは日常的に使われています (p. 249をご覧ください)。

hit a home run (成功する)

strike out (大失敗する) ※元は「三振に打ちとられる」という意味です。

throw a curve ball (予期しなかった提案をする)

touch base (連絡を取る)

play hardball (強気な態度を取る)

113

I know where you're coming from.

「なぜかはわかります、おっしゃりたいことはわかります」

🔊 113

A: Why is he so concerned about the intellectual property right terms on the contract?
（なぜ彼は、契約書の知的財産権の文言についてそんなに心配しているんですか？）

B: I know where he's coming from. He was in charge of the case in which a competitor sued us over intellectual property rights.
（なぜかはわかります。彼は競合相手に知的財産権で当社が訴えられたケースを担当していたんです）

NOTE　私が業務提携の契約書についてアメリカの現地法人の契約部門のスタッフと打ち合わせをしていた時に、上のようなやり取りがありました。契約部門のスタッフが知的財産権の条項にこだわっている理由を契約部門の同僚が説明してくれました。

　周りの人たちは理解していないけれども、**「おっしゃりたいことは（理由はなぜかは）わかりますよ、つまり、こういうことですよね…」** と言いたい時によく使われるフレーズです。また、「お気持ちはわかりますよ」と言いたい時にも使います。もうひとつ例を挙げましょう。

A: I'm worried about the exam tomorrow.（明日の試験を心配してます）
B: **I know where you're coming from.** If we fail this exam, we can't pass the course.（わかっているよ。この試験に落ちたら、私たちはこのコースに合格できないんですよね）

114

Business as usual.

「通常通り営業中」

🔊 114

Even after that hurricane, it was business as usual at his store the very next morning.

（あのハリケーンにもかかわらず、翌朝、彼の店は通常通り営業していた）

この表現はビジネスで普通に使われています。お店が開いているかどうかを聞くとこの言葉が返ってくると思います。またこれは、**「変わり映えのしない日常」** という意味もあります。ほかの例文も挙げておきましょう。

A: Is your shop open tomorrow?（明日、お店は開いていますか？）
B: Yes, **business as usual**, 9 a.m. to 5 p.m.（はい、通常通りの営業で、午前9時から午後5時までです）

　また最近、温暖化対策などで、「BAU シナリオ」とか「BAU ケース」という言葉を目にします。BAU とは、この business as usual の頭文字を取ったものです。ここでの business は「ビジネス」「商売」というより、**「やっていること」** くらいのニュアンスです。as usual は「従来どおり」の意味なので、「（何も対策を取らずに）従来どおりの状況」ということです。
　われわれは、望ましい変化を創り出すために、戦略を立て、行動計画をつくり、実行していきます。取り組みが効果を上げているのか、その効果はどれくらいなのかがわからないと、次の行動計画につながりません。つまり、「取り組みを行った場合」と「行わなかった場合」を比較する必要があるのです。この「取り組みをしなかった場合」どうなるのか、を簡潔に表す言葉がいくつかあり、その一つが、BAU case です。

アメリカ人なら知ってる「ポール・リベラ」

　アメリカには、独立前、13のイギリス植民地があり、イギリスはこれらの植民地を放任していました。しかし、ある時から重税を課すようになり、13の植民地議会は、「No taxation without representation = 代表なくして課す税なし」と、イギリスに強く反発するようになります。

　なぜイギリスは、放任から課税へと方針を変更したのでしょうか？　この背景には長く続いた英仏戦争がありました。イギリス経済はこの戦争で疲弊し、植民地へ課税しなければならなくなっていたのです。そしてアメリカは1775年に始まったイギリスとの独立戦争に1783年に勝ち、国家としての独立を果たします。

　アメリカ独立の最大の功労者は、皆さんよくご存知のアメリカ初代大統領ジョージ・ワシントンです。ワシントン以外で、アメリカで生まれ育ったアメリカ人は皆、知っているけれど、日本人はほとんど誰も知らないアメリカ独立の重要な功労者がいます。それはポール・リベラ（Paul Revere）です。

　彼は軍人ではなく、ボストンの銀細工職人で、伝令としてイギリス人の攻撃をいち早く仲間に知らせ、それによりアメリカ軍（当時は寄せ集めの一般人たちでしたが）はうまく危機を切り抜け、その結果、アメリカは独立に成功します。アメリカはリベラの大活躍無くしては独立できなかったとまで言われています。

　私がリベラを初めて知ったきっかけは、20年以上前にボストンの地元のツアー会社を使い、初めてボストン観光をした時でした。同じツアーに参加したアメリカ人が何の変哲もない家の写真を熱心に撮っていたので、誰がここに住んでいたのですか、と聞いたところ、Paul Revere とのこと。アメリカの小学校の教科書では必ず出てくる人物で、アメリカ独立の英雄として扱われていることを、その時知りました。

その後、私は何人かのアメリカ人に聞きましたが、Paul Revere のことを皆知っていました。知らなかったのは、アメリカ生まれでないアメリカ人だけでした。

　ある時、アメリカのお客さまが訪日された際、会食の席で Paul Revere を話題にしたところ、大いに盛り上がりました。2週間後に Amazon と書かれた箱が会社に届きました。最初は不審物ではと思いましたが、中味は Revere の伝記本、送り主はそのお客さまでした。当時は Amazon（1994年創業）は、日本ではまだよく知られていませんでしたが、アメリカでは本を誰かにプレゼントするときは Amazon を使うことが既に流行っていました。

　私は本を送ってくださったお客さまに早速、お礼のメールを書きました。日本人の私が Paul Revere を知っていたことを大変喜んでくださったようです。それからというもの、Paul Revere の話は、アメリカ人相手に絶対「すべらない」、私の Small Talk（小話）の1つとなりました。

　職場のアメリカ人の同僚にも聞いたら、やはりよく知っていました。Revere の歌（The ride of Paul Revere）まであり、小学校の頃、よく学校で歌っていたそうです。

　初代アメリカ大統領ワシントンの名前は、ワシントン小学校のように、学校名などによく使われています。ワシントンほどではありませんが、ボストンでは Paul Revere は今でも英雄として扱われているようです。2年前に宿泊したボストンのホテルには Paul Revere Hall がありました。

　アメリカ人と話す機会があったら、ぜひ Paul Revere について話題にしてみてください。アメリカ生まれのアメリカ人、特にボストン出身者、アメリカ東部出身者、いずれもあなたが Paul Revere を知っていることに驚き、そして喜ばれると思います。

115

This is only the beginning.

「本当に大変なのはこれからです」

🔊 115

A: I'm very glad that we could convince the legal department to cooperate with us.
（法務部門の協力を取り付けられて良かったです）

B: Yes, but please understand that this is only the beginning.
（ええ、でもご理解いただきたいのは、本当に大変なのはこれからだということです）

A: That's true. We now have to get the finance department involved.
（そうですね。次に財務部門を巻き込まなくてはなりません）

 このフレーズの文字通りの意味は「これはまだ始まりです」ですが、本当の意味は**「大変なのはこれからです」**ということです。

　以前、私が担当した通信機器の工事案件で、ある問題が解決して皆が少々浮かれている最中に、実態を一番よく把握しているアメリカ人のプロジェクトマネージャーの口からこのフレーズが出ました。彼が言わんとしていたのは「まだ安心してはいけない。今、われわれが解決した問題は氷山の一角で、今後さらに出てくるので覚悟せよ」という警告でした。周りの雰囲気が一気に引き締まったことを覚えています。

116

I don't have a clue./
I don't have any clue.

「さっぱりわかりません」

🔊 116

They didn't have any clue when the flu pandemic would be over.

（このインフルエンザの流行がいつ終わるのか、彼らにはさっぱりわからなかった）

clue は「（解決のための）手掛かり、ヒント」という意味。それが「ない」ということなので、この意味です。こういう状態を指して、**I am clueless.（さっぱりわからない、見当もつかない）** とも言います。反意語は **I have a clue.（知っている、わかっている）** です。

同じ意味の別の英語は I don't know. や I'm not sure. などがあります。ただし I don't have a clue. は「全く」わからない、と強調して言いたい時に使えます。また、**Can you give me a clue?** と言うと、**「ヒントをください」** という意味です。

It's been a while.

「しばらく会っていません、しばらくやっていません」

🔊 117

A: Have you played golf recently?
（最近、ゴルフをしましたか?）

B: No, it's been a while.
（いや、ごぶさたしてますね）

NOTE   このフレーズには2つの意味があります。一つは皆さんご存知の、人に会って「お久しぶりですね」と言う場合。もうひとつは経験について言うもので、**「それをするのは久しぶりです」「久しくそれを見ていません」「そこに行くのは久しぶりです」**というふうに、何かを経験するのが久しぶりであるという意味です。これが、上の例文です。

　ちなみに、「しばらく会っていませんね」と言いたい時に、Long time no see. という英語表現がありますね。間違ってはいませんが、これは politically incorrect（性別・人種・民族・宗教などに基づく差別・偏見がある）とする説もあります。また、私の経験から申しますと、**アメリカ人は It's been a while の方をよく使う印象**があります。

　なお、ちょっと気が置けるビジネスの相手とは、
It's good to see you again.（久しぶりに会えてよかったです）
It's a pleasure to see you again.（またお会いできてうれしいです）
という方がよりフォーマルでお勧めです。

👆 これも覚えよう

Hello, stranger! の意味をご存知ですか？　これは、見知らぬ人に掛ける言葉ではありません。しばらく会っていない友人や、仲の良い会社の知り合いなどに対して、「久しぶり！」と、少しおどけて、笑いながら言う言葉です。あまりに長い間会っていないので、顔を忘れたよ、赤の他人かと思ったよ、といったニュアンスでしょう。
A: Hello, stranger!（久しぶりだね）
B: Wow, I'm surprised to see you here.（わあ、ここで会うとはびっくりです）

118

Just in case.

「念のため言っておくけど、万一に備えて」

🔊 118

Just in case, let me tell you what you have to bring here tomorrow.

（念のため、明日ここに持って来なければならないものを伝えておきます）

 ビジネスでは、関係者との意識合わせだけでなく、確認も重要です。Just in case. は、誤解や思い違いを防ぐことができる便利なフレーズです。私が社会人になり、初めてアメリカへ出張に行った時に最初に覚えた言葉でもあります。

　ビジネスで一番重要なのはコミュニケーションですが、母国語が異なるとつまらないことで誤解が生じがちです。**相手に伝わっているだろうと思っても、常に、正確に理解してもらっているかを確認することが重要**です。そういう場面で、この Just in case. は役立つフレーズですので、ぜひ使ってみてください。

　この例文のように Just in case, ... と、このフレーズの後に続けることもできますし、あるいは、文末に付けて **You should check with your boss, just in case.**（上司に確認した方がいいよ、念のためにね）という語順で言うこともあります。

119

This isn't my first rodeo.

「初めてではありません」

🔊 119

A: This isn't my first rodeo.
（これは、初めてではありません）

B: I see. So, you'll be happy to take on some tougher assignments.
（そうですか。ならば、もっと難度の高い仕事も喜んで引き受けてくださりそうですね）

NOTE
This isn't my first rodeo. は、文字通り訳せば「これは私の最初のロデオではない」ということです。ロデオとはご存知の通り、カウボーイの荒馬乗りのことです。初めてロデオを経験すれば、馬から落ちますよね。これが初めてではないから、馬から落ちないでしょう、ということなのですが、ビジネス会話で出てきた時の意味は、「これをするのは初めてではない」つまり、自身が**「すでに経験したことがある」**ということです。つまり、**「経験豊富なので、失敗しません。任せてください」**ということになります。**I've been through this rodeo.** とも言います。

　ほかの言い方では、かなり説明調になりますが、I've done this before so I don't think it will be a problem for me.（以前やったことがあるので、問題ないと思います）ということでしょう。This isn't my first rodeo. のようなイディオムが便利なのは、長々と説明しなくても、こうした含みが相手に伝わることですね。

120

🔍 状況や人物を説明する／描写する

That figures.

「やっぱりね、思ったとおりだ、道理で」

🔊 120

A: I haven't seen Mr. Lee recently.
（このところ、リーさんを見ませんが）

B: Oh, he left the company last month.
（ああ、彼は先月、会社を辞めました）

A: That figures.
（道理で）

動詞 figure には、「期待通りである、予想通りである、筋道が通って
いる」という意味があります。ですから、That figures. で、「それは当
然だ」「それはありそうなことだ」という意味になります。これは、今まで疑
問に思っていたことが、ある情報を得てはっきりとわかった時に思わず発す
る言葉です。**「やっぱりね、思ったとおりだ、道理で」** と言いたい場合、**特に悪
いことが起こった場合**によく使われます。It figures. とも言います。また、他
の英語では It makes sense. や That explains it.、I knew it. などとも言い
換えられます。

※ 否定する、断る、拒絶する、
　警告する、見下す

I have bigger fish to fry.

「他に差し迫ってやることがあります、もっと大切なことがある」

🔊 121

A: Can you check this document today?
（今日、この書類をチェックしてもらえますか?）

B: Can it wait? We have bigger fish to fry right now.
（それ、待てますか?　今、差し迫ってやるべきことがあるので）

A: Oh, that's right. We need to finish the accouting report first.
（ああ、そうでした。会計報告をまず終えなければなりませんね）

 I have bigger fish to fry. は、文字通りの意味は、「もっと大きい魚を揚げなければならない」という意味です。ビジネスの会話では**「私は他にやるべきもっと大事な仕事がある」**という意味でよく使われます。

big fish には「大物」という意味があり、fry には「揚げる」という意味の他に「電気椅子で処刑する」という意味があります。このフレーズの語源は不明ですが、刑事ドラマなどによく出てくる「私はもっと大物を検挙する必要がある」というところから、一般的になったのかもしれません。

別の言い方をすれば、I have other important things to do.、あるいは I have other priorities. となります。

👆 **これも覚えよう**

fish を使った表現を例文と共に挙げます。いずれもあまり良い意味ではないですね。

fishy　疑わしい
I can't believe him. I smell something fishy.（私は彼が信用できない。何かうさん臭い）

cold fish　無口で、不愛想
Stop being a cold fish — why don't you come out with us for lunch?
（不愛想にしてないで、私たちと一緒にランチに行きませんか?）

122

It's your call.

「それはあなたが決めることです」

🔊 122

A: Which option would you choose, the lease plan with insurance or without insurance?

（どちらの選択肢を選ばれますか、保険付きのリースプランか、保険なしのものか）

B: It's your call. （あなたが決めてください）

A: OK. Let's go with the plan with insurance.

（わかりました。保険付きのプランでいきましょう）

 It's your call. は、「**それはあなたが決めることです**」「**それはあなた次第です**」ということです。これはビジネスでも非常によく使われます。

他の会話例も挙げておきましょう。

A: Where do you want to eat tonight?（今晩はどこで食べる？）

B: **It's your call.**（あなたが決めてよ）

　このフレーズはある物事を自分で決めたくない時、相手を立てたい時、相手に任せたい時に便利です。しかし、いつでも何でも相手に任せるというわけにはいきません。あまり使いすぎると主体性のない人間だと思われるので気をつけた方が良いでしょう。こんな展開もありますのでご注意を。

A: Which option should we take?（どちらの選択肢でいくべきでしょう？）

B: **It's your call.**（それはあなたが決めることです）

A: No. You're the leader of this project, so it's your decision.

（それはダメです。あなたがこのプロジェクトのリーダーなのだから、あなたが決めるべきことです）

123

★ 否定する、断る、拒絶する、
警告する、見下す

I wouldn't bet on it.

「それはどうかな、当てにできないな」

🔊 123

A: Do you think we can finish this work by the end of the week?

（この仕事を今週中に終わらせることができると思いますか？）

B: I wouldn't bet on it.

（それはどうかな）

> **NOTE** I wouldn't bet on it. の文字通りの意味は「私はそれに賭けません」
> ですが、本当の意味は**「それはどうかな？」「当てにできないな」「それ
> にはあまり期待しない方がよいと思う」**です。ビジネス会話ではよくbet と
> いう言葉が出てきますが、例えば I think you're right.（私はあなたが正しい
> と思う）という代わりに I bet you're right. とアメリカ人が言うのをよく聞
> きますが、同じ意味です。
>
> 「あてにはできない」のだから、可能性が少しはあるかと思いきや、**実際に
> は、可能性はほとんどないときに使う**のがこのフレーズです。つまり、上の例
> 文の B は、I don't think so.（そうは思いません）と言い換えられます。

124

Don't even think about it.

「絶対にやめてください、考えるだけ無駄です」

🔊 124

A: Can I smoke around here?
（ここら辺で喫煙してもいいですか?）

B: Don't even think about it. It's a non-smoking area.
（絶対にやめてください、ここは禁煙エリアです）

A: OK, OK. I understand.
（はい、はい。わかりました）

> **NOTE**　Don't even think about it. は、文字通りの意味は「そのことを考える
> ことさえしないでください」ですが、相手に対して**「絶対にそれをし
> ないでください」**と非常に強く、**禁止を訴える時**に使います。もちろん、厳し
> い表情と口調で言ってください。アメリカ都市部の交通標識には、Don't
> even think of parking here.（ここには絶対に駐車にしないでください）と
> いうものもあります。
>
> 　人間は行動を起こす前にまずは頭で考え始めますが、その考える行為さえ
> も、一切やめてくれと言いたい時に使うと効果的です。

125

💥 否定する、断る、拒絶する、
警告する、見下す

Not that I know of.

「私が知る限り、(そうでは)ありません」

🔊 125

A: Is there a bookshop around here that's still open at 8 p.m.?
(この近くに、午後8時まで開いている本屋はありますか?)

B: Not that I know of.
(私が知る限り、ありません)

これはアメリカ人がよく使う言い回しです。その意味は「**私が知っている限りそういうことはないです**」ということです。このフレーズはアメリカのドラマや映画の中で刑事が現場で聞き込みをする時によく出てきます。いきなり Not から始まるので戸惑うでしょう。上の B の文は、As far as I know, I don't think there is. (私が知る限り、あるとは思いません) とも言い換えられますね。この他にも Not that I remember. (思い出す限り違う)、Not that I recall. (私が覚えている限りそうではない) といった表現もあります。

また、ちょっと変わった表現に、**Not in my book.** というものがあります。「私の本の中にはありません」ですが、このフレーズの本当の意味は「**私はそう思いません**」ということです。他の人はそう考えているかもしれないけれど、私は違う、と主張する時に使います。

A: Many people say he is a great CEO. What do you think? (多くの人は、彼は優秀な CEO だと言いますね。あなたはどう思いますか?)

B: **Not in my book.** (私はそうは思いません)

It won't fly.

「それはうまくいかないだろう」

🔊 126

A: Do you think this plan is feasible?
(この案は実現可能だと思いますか?)

B: Frankly speaking, it won't fly.
(率直に言って、うまくいかないでしょう)

A: Why's that?
(それはなぜですか?)

It won't fly. とは「**それはうまくいかないだろう**」という意味です。ビジネスの打ち合わせでは非常によく使われるフレーズです。

アメリカ人のビジネス交渉のスタイルは人により異なりますが、皆、ダメな時ははっきりとダメと言います。カーブではなく直球です。It won't fly. はその一つの言い方ですが、他にも似た表現がありますので併せて覚えておいてください。

・**It won't work.** (それは上手くいかない)　※一番シンプルな言い方です。
・**It's not feasible.** (それは実現可能ではない)
・**It's impossible.** (それは不可能だ)　※これは完全否定です。

Excuse me?

「何を（ばかなことを）言ってるんですか？」

🔊 127

A: I don't think people really want to buy those expensive robotic vacuum cleaners.
（ああした高価な AI 掃除機を、皆が本気で買いたがるとは思いません）

B: Excuse me? More than 30 million of them have been sold all over the world.
（何だって？　これは世界中で3千万台以上売れていますよ）

> **NOTE**　Excuse me. は皆さんご存知のとおり、質問をする時や人のすぐ脇を
> を通り抜ける時などに声を掛ける際のフレーズで、それぞれ「すみま
> せん」「失礼します」という意味です。何かあきれた発言をした人に対して
> Excuse me? という疑問形で言うと**「何をばかなことを言っているんです
> か？」**という軽い抗議になります。別の英語で言い換えると、What crazy
> thing are you talking about?（何をばかなことを言っているんですか？）
> ということです。

　私がこの Excuse me? で思い出すのは、アメリカの現地法人の法務部門の
社員です。ずいぶん前の話ですが、私はアメリカ人の営業部員と共に客先へ
のプレゼン資料を作成していました。現地法人の法務部門の女性とも資料の
突き合わせをやることになりましたが、この営業部員がお客さまの会社のロ
ゴや写真をスライドに張り付けてよいか？と聞いた途端、この法務部門の女
性から出た言葉が Excuse me?（何をばかなことを言っているんですか？）
でした。その後、ロゴや写真にはさまざまな意匠権利があり、勝手に資料に張
り付けるのはまずい、という説明が延々と続きました。

128

You never know.

「さあ、どうなるかわかりませんよ」

🔊 128

A: This soccer game is over. It's 3-0, and there's only five minutes left.
（このサッカーの試合はもう終わったね。スコアは3対0であと5分しか残っていないし）

B: You never know.
（まだ、どうなるかわかりませんよ）

> NOTE
>
> You never know. は文字通り訳すと「あなたが知ることは決してない」ですが、**「結果がどうなるかは、実際やってみないとわかりませんよ」**という意味で使われる定型文です。上はサッカーの試合についての会話ですが、ビジネス会話でも非常によく出てくる表現です。

　海外ビジネスにおける商談や交渉は、その国の政治や経済状況、市場環境、客先や自社の状況、面談している交渉相手の個人的な状況など、複数の変動要因がある中で展開しなければなりません。事前に収集した情報を基に、ある程度、先を予想しながら臨むのですが、最終的に何が起こるか本当にわかりません。日本国内での日本人同士の取引に比べて、言語が英語であることを差し引いても、内容が大変、タフなのです。ですから、この You never know.（どうなるかわからない）は、まさしく真実だと思います。常にこれらの要素が変動していくことを踏まえた上で、その場、その場でベストの決定をしていくしかありません。

❋ 否定する、断る、拒絶する、
警告する、見下す

Far from it.

「全然違います」

🔊 129

A: Is this the image of the shirt you have in mind?

（あなたが考えているのは、こんなイメージのシャツですか?）

B: No, it's far from it.

（いいえ、まったく違います）

> **NOTE** 文字通りには「そこから距離が遠い」という意味ですが、ビジネス会話でこのフレーズが出た時は**「全然違います」「その逆です」「とんでもない」**という意味で使われます。直前に言われたことを全否定するフレーズです。**It's totally wrong. （全く違う）**とも言えそうです。

　私が出会ったアメリカの客先の中に、日本では考えられないほど、ストレートな物の言い方をする人がいました。現地のアメリカ人チームと日本の技術者とで1週間かけてつくった提案書を見せたところ、彼の口からFar from it. (全然違います)という言葉が実際に出たことがあります。これ以上、話をしても前に進まないと判断して、その場は退散して出直すことにしましたが、同行した日本の技術者はこんなにはっきりと拒絶されることは全く予期しておらず、肩を落としていました。

　他の会話例も挙げておきましょう。

A: Does everybody agree with this idea? (皆さんこの案に賛成ですか?)
B: **Far from it.** Everybody disagrees with it. (とんでもない。皆この案に反対です)

It's your funeral.

「それはあなたの問題です」

🔊 130

A: Thanks for your suggestion, but I think I'll go with my original plan.
（ご提案ありがとうございます。でも、最初のプランで行こうと思います）

B: Fine — it's your funeral.
（わかりました──あなたの問題ですから）

NOTE これは結構、過激な英語表現です。文字通りの意味は「あなたの葬式です」となりますが、本当の意味は**「あなたの問題だ」「私はどうなっても知りません」**ということです。別の英語で言い換えると、心情的には I have no sympathy for you. It's none of my business.（私は何の同情も感じない。私の知ったことではありません）とでもなりそうです。

　また、これに近い言い方として **I don't care.**（私は気にしない。興味ないから好きにして）や、**It's none of my business.** などがありますが、いずれもビジネス会話では少々無礼な言い方ですので、あまり使わないことをお勧めします。あえて何か言わなければならないとしたら、少しよそよそしくなりますが、**I'm not in the position to comment on that.**（その件について、私はコメントをする立ち場にはありません）がよいでしょう。

131

Houston, we have a problem.

「問題が発生しました」

🔊 131

A: The copier is jammed again and the meeting starts in one minute! Houston, we have a problem!

（コピー機がまた詰まったわ、会議は1分後に始まるのに！　問題発生!）

B: Don't worry. I'll make the copies and bring them to you. How many do you need?

（心配しないで。私がコピーして持って行きますよ。何部必要ですか?）

> NOTE
> この英語は、アポロ13号の事故に由来する「ヒューストン、問題発生！」という表現です。1970年、人類史上3回目の月面着陸を目指した宇宙船アポロ13号は、打ち上げから2日後、酸素タンクの一つが爆発するトラブルに見舞われました。このとき、ジャック・スワイガート宇宙飛行士がヒューストンの管制センターに向けて発した有名な言葉です。
>
> 現在は、日常生活で、突然、些細な問題が発生した時、ユーモアを交えて言います。**重大な問題ではなく、冗談半分で言うような場合です。**
>
> 初めてこれを聞いた時、私はテキサス州ヒューストンではなく、同じくテキサス州ですがダラスにいましたので、なぜヒューストン？と思いました。なおこれは、アポロ計画を良く知る年配の方が使い、若い人は使いません。

👆 これも覚えよう

同じくアポロ計画にまつわるフレーズに、**The eagle has landed.** があります。これは、1969年、NASAのアポロ11号の月着陸船イーグルが人類初めて月に着陸した時、アームストロング船長が言った有名な言葉です。文字通りは「イーグルが着陸した」ですが、以後アメリカでは**「プロジェクトが無事成功した」**という意味で広く使われるようになりました。

Team, the eagle has landed. Congratulations! （チームの皆さん、プロジェクトは成功しました。おめでとうございます！）

★ ちょっと面白い表現

I'm from Missouri.

「私は用心深い人間です」

🔊 132

A: Our product will be ready to sell next week.
（わが社の製品は、来週から販売可能です）

B: I'm from Missouri. You know — the "show-me state".
（私は用心深い人間です。つまり、「証拠を見せろ」の州ですから）

A: No problem. I'll show you the actual product first thing tomorrow morning.
（問題ありません。明朝一番に、実際の製品をお見せします）

NOTE
　直訳すれば「私はミズーリ州出身だ」ですが、実はこれは「私は用心深い人間です」という意味です。なぜミズーリ州出身が用心深いということになるの？と思われるでしょう。実際にミズーリ州に行くと、車のナンバープレートの下に show-me state と書いてあります。

　以前、アメリカでミズーリ州出身のお客さまと話をしていて、製品の説明をスライドで見せてもなかなか納得してもらえないことがありました。その時、相手から "Show me. I'm from Missouri." と言われたのです。つまりこれは**「私は用心深い人間です。言葉だけでなく、実物を見せて欲しい」**という意味です。その時の経験から、新製品を発表する時はいつ製品を持ってくるかを必ず伝え、実物を見せるようになりました。

　ちなみにこのフレーズ、ミズーリ州出身以外のお客さまからも同様のことを言われました。アメリカでビジネスを行う場合は、どんな業種であれ、実物を見せるということは一番説得力があると今は考えています。なお、本当に「ミズーリ州出身です」と言いたい時は、"I am from Missouri." となり、I am を I'm と短縮しないのだそうです。

133

I need it yesterday.

「大至急、お願いします」

🔊 133

A: When do you need this cargo?
（この貨物はいつ必要ですか?）

B: I need it yesterday.
（大至急、必要です）

A: Sure. I'll expedite delivery.
（承知しました。納期を短縮します）

最初にこのフレーズを聞いた時、相手がふざけてこう言っているのかと思いましたが、これは緊急度を伝えるフレーズです。文字通りは「私はそれが昨日必要です」となりますが、本当の意味は、**「大至急、お願いします」**と、相手を急かせる時に使います。

この表現は納期が厳しいプロジェクトでの打ち合わせでは普通に使われていますが、あくまでも口頭でのフレーズです。ちなみに、書面で納期を急がせる表現には以下があります。

• Would you **improve** the shipping date from the end of September to the end of August?（出荷日を9月末から8月末にできませんか?）
　※この improve の使い方がみそです。

• We need your help to **expedite** shipping date from the end of September to the end of August.（9月末から8月末に出荷日を早めるためにお力添えください）　※ expedite は「～（の進行）を早める、～を促進させる」という意味の固い言葉です。

👆これも覚えよう

相手をあおる言い回しに、**We don't have all day.** というものがあります。**「ぐずぐずしないで」**と相手を急かせる意味になります。
A: You have to get started now. We don't have all day.（すぐに始めてください。ぐずぐずしないで）
B: Sure.（かしこまりました）

134

Keep your shirt on.

「落ち着いて」

🔊 134

A: We've got to go right now.
（今すぐ行かなきゃ）

B: Keep your shirt on. We still have plenty of time.
（落ち着いて。まだ時間はたっぷりありますよ）

NOTE　これは興奮気味の人や怒っている人に対して、**「落ち着いて」と、冷静
になるよう諭す**時に使うフレーズです。別の英語で言い換えると
Calm down.（落ち着いて）、あるいは Don't overreact.（過剰に反応しない
で）などとも言えそうです。

　これはかつて、ケンカをする時に、シャツを汚したり破いたりしないよう
に脱いでいたことから来ているようです。

　客先やパートナーと長い交渉をしているとお互いの主張が全くかみ合わず、
膠着状態に陥って、つい興奮してしまう人も出てきます。そんな時、一番効果
的な解決策は一旦休憩を入れて、お互いに頭を冷やすことです。

　そんな時に有効なフレーズは Let's have a ten-minutes break.（10分休
憩を取りましょう）、Let's go out and get some fresh air.（ちょっと外に
出て新鮮な空気を吸いましょう）です。一旦、その場を離れることで、お互い
別の観点から考えることができるようになり、両社が納得できる打開策が出
てくることもあります。

135

The show must go on.

「今やめるわけにはいきません」

🔊 135

Regardless of the situation, the show must go on.
(この状況にも関わらず、今やめるわけにはいきません)

> **NOTE**
> このフレーズの文字通りの意味は「ショーは続けねばならない」ですが、対象は舞台の上で行われているショーに限りません。ビジネスの場面でもよく使われる表現で、「**(難局だが) 今やめるわけにはいかない**」という意味です。別の英語で言い換えると We can't stop now. ということです。

👆 これも覚えよう

show を使った他のフレーズでビジネスでよく使われるものに **It's show time!**（さあ行くぞ！、さあ始めるぞ！）があります。これも舞台劇だけではなく、さまざまなことが始まる時に使われます。ビジネスでは重要なプレゼンや大きな展示会が始まる直前にチーム内でお互いを鼓舞したい時に使う掛け声です。展示会などで来訪した客先へこのフレーズを使うこともありますが、基本は同じ会社の仲間同士で重要イベントが始まる前に使われるフレーズです。

136

Would you buy a used car from this man?

「この人を信用できますか？私は信用しません」

🔊 136

A: Would you buy a used car from this man?
（あなたはこの男を信用できますか？　私は信用しません）

B: Well, I think he's reliable.
（うーん、私は彼は信じられると思いますが）

NOTE　このフレーズの文字通りの意味は「あなたはこの男から中古車を買い
ますか？」ですが、このフレーズ本当の意味は**「あなたはこの男を信
用できますか？私は信用しません」**です。これはI don't trust this man.と同
じ意味です。

　　私も、アメリカ人とのビジネスで、何度かこのフレーズを聞きました。これ
は昔、大統領選挙でケネディの支持者がニクソン陣営に対してこのフレーズ
を使ったことから来ているようです。

　　別の英語では、以下のように言えそうです。

Can you trust this person? If not, I don't think it's a good idea to
follow him. （あなたはこの人物を信用できますか？　信用できないなら、私
はその人物の言うことに従うのはよいとは思えません）。

What's the catch?

「何が狙いですか？、裏には何があるんですか？」

🔊 137

A: Why is this bottle of wine free? What's the catch?

（どうしてこのワインは無料なの？　何か裏があるんじゃない）

B: There is no catch.

（裏なんてないよ）

NOTE

このフレーズの catch には「落とし穴、わな」という意味があり、What's the catch? には**「裏には何があるの？」**と聞くフレーズです。別の英語で言い換えると There is no hidden trap. （隠されたわなはありません）ということです。

　私の知っているアメリカ人は常に明るくて前向きで、相手の言ったことを疑ったりする人は少ないのですが、中には非常に慎重で石橋をたたいて渡る人もいます。付き合いの長いアメリカ人の営業部員で欧州生まれの方がいました。彼は常に慎重で、些細なことでも何か問題が発生すると、隠さずタイムリーに報告してくれ、対応策をすぐに立てられたので大変助かりました。

　彼の要求をあまり受け入れようとしない日本本社サイドが、たまに彼の値引き要求などを簡単に受け入れた時、彼が、What's the catch? （裏には何があるのか？）と、私に聞いてきたことがあります。彼曰く、It is too good to be true. （話がうますぎる）とのこと。私は彼に There is no catch. （裏などない）と言いましたが、まだ少し怪訝そうな顔をしていました。

138

My ears are burning.

「誰かがうわさをしているらしい(うわさをされているらしくくしゃみが出る)」

🔊 138

Your ears must have been burning. We were just talking about you and your retirement party.

(くしゃみでもしていたんじゃないですか? ちょうどあなたとあなたの退職パーティーについて話をしていたところなんです)

NOTE このフレーズは文字通りは、「耳がほてる」ですが、「**(皆が噂をしていることを感じ取り)くしゃみをする**」という意味があります。別の英語で言い換えると、Everybody was gossiping about you.(皆があなたのうわさ話をしていた)ということです。

　私の知っているアメリカ人で、一人だけ特にうわさ好きの社員がいました。この人は私に電話してくると、本題に入る前に、必ず「〇〇さんはどうしている?□□さんは昇進されるいう噂を聞いたが本当か?△△さんはまだあの部署にいるか?」という風に、いつもこちらを質問攻めにしてきます。

　彼が実際にこのフレーズを使っているのは聞いたことはありませんが、本人がその場に現れたとしたら、まさに Your ears must have been burning. We were just talking about you before you arrived. と言うところです。

139

I have a hunch.

「予感がする、ぴんと来る」

🔊 139

A: I have a hunch that something good is going to happen to us.
（何か良いことが私たちに起きる気がするわ）

B: That's good to hear. I wonder what it could be.
（それはいいね。いったい何だろうね）

NOTE

アメリカの大口顧客との商談で、提案書を出した直後のことです。担当のアメリカ人営業部員が私に I have a hunch. と言うので、hunch とは何？と思わず聞き返しました。「hunch とは予感のことで、詳しい説明はできないが、先程出した提案書は顧客から受け入れられ、すぐに注文書が発行されて、われわれは忙しくなると思う」とのこと。彼が何の根拠もなく、勘だけで言っているのは明らかで、それは楽観的すぎると私は言いました。その後、彼の言ったようには注文はすぐには来ませんでしたが、しばらくして受注できましたので、彼の勘は全く外れていた訳ではなかったようです。

hunch には「こぶ」という意味がありますが、この文章はこぶとは関係ありません。**「予感がする」という意味の、決まった言い回し**です。I have a hunch that ... の形で使うことが多いです。また、It's just a hunch. と言うと、「単なる勘ですが」という意味になります。別の英語で言い換えると、**It's just an intuition.**（虫の知らせがする）／**I have a gut feeling.**（虫の知らせがする）とも言えます。

140

★ ちょっと面白い表現

There wasn't a dry eye in the house.

「目頭を押さえない者はいなかった」

🔊 140

When we heard the heartbreaking news, there wasn't a dry eye in the house.

（その悲痛なニュースを聞いたとき、みな、目頭を押さえていた）

このフレーズを聞くと、まさに映画のワンシーンのようにその場の状況が浮かんできますね。**「その場にいた人は、皆、泣いていた」**という意味です。何に泣いたかは、悲しいことでも、うれしいことでも、心が動かされることであれば、なんでもよいのです。ちなみにこのhouseは「家」ではなく、元は「劇場」の意味で、つまり、映画に感動して、みんな涙を浮かべていた、ということです。また、少しおどけた調子で言うこともあります。

ビジネスで非常に長い間、苦労した商談がまとまった時、開発に苦労してようやくできあがった製品がついに出荷できるようになった時、感動のシーンはたくさんありました。しかし、大勢の人間が同時に目頭を押させるほどの感動のシーンは稀ですので、このフレーズをビジネスで使う機会はそんなにないのかもしれません。

私自身の経験では長い間ビジネスでお世話になった人々との出会いと別れに一番の感動がありました。アメリカ人、カナダ人の営業部員を一人一人思い出すと、皆、愉快な人たちでした。不思議なことに、一番目頭が熱くなったのは、一番苦労されられた営業部員との別れの時でした。

141

Is everything OK?

「チップを忘れないで」

🔊 141

Here's your sirloin steak. Is everything OK?
（ご注文のサーロインステーキです。チップをお忘れなく）

> **NOTE** レストランで給仕係がテーブルに戻ってきてこのフレーズを言う時は「全て問題ございませんか？料理の味はいかがでしょう？」という意味ですが、アメリカでは実は言外の意味があります。それは**「チップを忘れないでくださいね」**ということです。

アメリカのレストランでは、食事の総額の15～20％のチップを支払うのが普通です。チップはそのテーブルを担当している人が全てもらうことになっているレストランが多く、基本給の安い給仕担当者にとってチップは実は非常に重要な収入源なのです。日本のレストランでは、わざわざ「いかがですか？」と聞いてはこないですよね。少々うっとうしいと思われる方もいるかもしれませんが、アメリカでは聞いてくる理由があるのです。

ただ、「チップは忘れないでくださいね」は私の意訳です。ダイレクトにそうお客さまに言うわけにはいきませんので、何度もテーブルに来て Is everything OK? と印象付けるわけです。こう聞かれたら、Perfect!、あるいは Yes, thank you. などと答えましょう。

142

The opera ain't over till the fat lady sings.

「まだ勝負はついていません、あきらめるな、結果は最後までわかりません」

🔊 142

A: I don't think we can meet the deadline.
（締切に間に合うとは思えません）

B: We still have three more business days. The opera ain't over till the fat lady sings.
（まだ3営業日ありますよ。まだ勝負はついていません）

NOTE このフレーズの直訳は「ふくよかな女性が歌うまではオペラは終わらない」ですが、**「まだ勝負はついていない。早まった真似をせず最後まで希望を持て」**という意味です。

この fat lady とはソプラノ歌手、特にワグナーのオペラ『ニーベルングの指輪』四部作の4作目、『神々の黄昏』で女王ブリュンヒルデが最後に歌うアリアを指している、とも言われています。このオペラは、上演に15時間近くかかる超大作ですので、一番最後のアリアは「ようやく！」と迎えられるわけです。このブリュンヒルデを、体格の良い女性が演じることが多かったので、このフレーズが生まれたと言われています。ただしこれは諸説あり、どんなオペラでも、だいたい終幕でプリマドンナがアリアを歌って終わることから来ている、とするものもあります。

別の英語で言い換えると The game isn't over yet. Don't give up. （まだ試合は終わっていない。あきらめるな）ということです。

👆 これも覚えよう

The jury is out. と言うと、**「まだ結論は出ていない」**という意味です。jury とは陪審員のこと。アメリカでは古くから陪審員制度が取られています。陪審員は審議の後、評決を答申しますが、陪審員が外にいて、まだ戻ってきていないということはまだ審議中ということです。ここから「まだ結論は出ていない」という意味で使われます。
A: Has a decision been made already? （決定はすでにされましたか）
B: No, the jury is still out. （いえ、まだ結論は出ていません）

ビジネスで頻出する英語の略語

ここではビジネスでよく使われる英語の略語を、まとめてご紹介いたします。

by the COB 「終業時までに」 COB は close of business の頭文字語で、アメリカの会社なら午後5時を指します。

ASAP = as soon as possible 「できるだけ早く」 これは皆さんすでにご存じの略語だと思います。

FYI = for your information 「ご参考までに」 これもビジネスで非常によく使われる略語です。

FAQ = frequently asked questions 「よくある質問」 Q&A は「質問と回答」ですが、FAQ はその中でも特によく聞かれるものを指します。

BTW = by the way 「ところで話は変わるけど」 これは文の冒頭にも末尾にも使われます。

ETA = estimated time of arrival 「推定到着時刻」

WIP = work in progress 「作業中」

i.e. = ラテン語 id est 「すなわち」

cf. = confer、compare 「参照せよ、比較せよ」

ex = example 「例」

aka = as known as 「別名」

最後に

TGIF = Thank God, it's Friday. 「やったー！金曜日だ！」
1週間の仕事を終え、週末を迎える人が金曜日の午後のメールによく書きます。なお、アメリカに TGI FRIDAY というレストランがあります。日本にも進出していて、私も品川店に何度か行ったことがありますが、このレストラン TGI Friday の最初の3文字は、ご推察どおり、Thanks God, it's Friday. の頭文字です。

第 **4** 章

会話を
イキイキさせる
イディオム

アメリカ英語の一つの特徴は、イディオムを多用するということ。中には、単語がもともと持つ意味からは想像がつかないものもあります。イディオムが自由自在に使えるようになると、英語がさほど障壁にはならずにビジネスがよりスムーズに運ぶでしょう。ビジネス会話をよりイキイキさせ、ナチュラルなやりとりができるようになるために、覚えておきたいものを精選しました。

143

win over

「納得させる、賛同を得る」

🔊 143

You've got to win him over first to make this deal successful.

（この商談を成功させるには、まず彼を口説き落とさないといけない）

NOTE

win over〜というフレーズは、「〜に勝つ」という意味になりそうですが、上の文では、**「納得させる、賛同を得る」**が本当の意味になります。この例文のように「win＋人＋over」の順序で使われる場合もあります。

最初はあまり良い印象を持ってくれていなかった人を、**「味方に引き入れる」「ファンにさせる」**という場面でも使われます。persuade someone to support you or agree with you（誰かを説得して自分をサポートしたり、自分に賛成するよう仕向ける）ということです。

🔑 連想ボキャビル

win を使った他のフレーズをいくつかご紹介します。

can't win　勝ち目がない
He's just kept talking nonsense and wouldn't listen to me; I can't win with him. （彼は意味のないことを話し続けて私の言うことに耳を貸そうとしないので、私には勝ち目がない）

win out　困難を乗り越えて勝利を収める
After a two-year battle in the courts, we won out in the end.
（2年間の法廷での闘争を経て、最終的にわれわれは勝利した）

win somebody's heart　心をつかむ
He was finally able to win her heart. （彼はついに彼女の心をつかんだ）

win-win　双方うまくおさまる
I believe this is a win-win proposal. （これはお互いに有利な提案だと信じます）

144

会話をイキイキさせる
イディオム　第**4**章

wash one's hands

「関係を断つ、足を洗う」

◀)) 144

We may have to wash our hands of that company if the quality of their products doesn't improve.
（その会社の製品の品質が改善されないのなら、関係を絶たねばならないかもしれない）

 wash one's hands にはいろんな意味があります。文字通りの意味は「手を洗う」です。Where can I wash my hands? と言えば「トイレはどこですか？」という意味です。この例文のように**「関係を断つ」**という意味もあります。

　興味深いのは、日本語では関係を切るとき**足を洗う**と言いますが、英語では**手を洗う**と言うことです。

🔑 連想ボキャビル

wash が入ったフレーズをご紹介します。

wash away　洗い流す
Ink in clothing can't be washed away.（衣服についたインクは洗い流せない）

backwash　望ましくない余波
The backwash of the business downturn might be devastating.
（ビジネス低迷の余波は壊滅的なものになるだろう）

wishy-washy　どっちつかずの、優柔不断の、つまらない
I can't rely on him since he's so wishy-washy.
（彼は煮え切らない人物なので信頼できない）

145

boil down to ~

「要するに~となる、結局~になる」

🔊 145

What we want from that company boils down to just one thing: the technology they have been developing over many years.

（われわれがその会社に求めるものは要するに一つ——彼らが長年かけて培った技術だ）

 boil は「沸く（沸かす）、沸騰する（させる）、煮（え）る」という意味の動詞です。つまり boil down to~の元々の意味は「煮詰まって~になる」ということですが、ビジネスでは、**「要するに~となる」「結局~になる」**という意味でよく使われます。

🔧 連想ボキャビル

boil down を使った例文をご紹介します。

boil down to the fact that ~　結論は~である
It boils down to the fact that the key to the company's success is the people who work there.（詰まるところ、その会社の成功のカギは勤務する人間によって決まってくる）

boil ~ down to half　~を半分になるまで煮詰める
Boil the sauce in this pan down to half.（この鍋のソースを半分になるまで煮詰めてください）

146

on the line

「職を失うかもしれない状況で、危険にひんして」

🔊 146

If he can't complete this job in time, he'll be putting himself on the line.

(もしこの仕事を時間内に完了できなければ、彼は職を失うかもしれない)

 line には「線、電話の回線、糸」などさまざまな意味がありますが、ビジネス会話で He is on the line. と言うと、彼は**「仕事を失うかもしれない、厳しい状況で」**という意味となります。まさにロープの上で綱渡りをしているイメージです。

　私が初めてこのフレーズを最初に聞いたのはアメリカ人の営業部員からでした。業種にもよるかもしれませが、営業部員のポジションは実績が全てですから、業績の上がらない営業部員はすぐにリストラ対象になります。会社によっては2年経過すると半分の営業部員が入れ替わるというところも珍しくありません。彼らにとっては、日常的に耳にするイディオムかもしれません。

🔑 連想ボキャビル

line を使った例文をご紹介します。

in line with ～　～に沿って
Hopefully my answers are in line with your expectations. (私の回答があなたのご期待に沿っていればよいのですが)

offline　会議後に、個別に
Could we discuss this subject offline? (この件は個別に話せますか？)

put ～ on the line　(人)を電話に出す
Would you put him on the line? (彼を電話に出してもらえますか？)

under the weather

「体調が悪い、二日酔いで」

🔊 147

He was under the weather and didn't come to the office yesterday.

（彼は体調が悪く、昨日は出勤しなかった）

 under the weather は、文字通りの意味は「天候の下」ですが、その意味することは**「体調が悪い」**ということです。身体の調子が優れない時のほかに、気分が少し落ち込んでいるような時も使います。病気で寝込むような深刻な状態ではありません。

🔧 連想ボキャビル

天候に関する英語をご紹介します。

sunny　日のよく照る
clear　雲ひとつなく晴れた
beautiful, nice, fine　晴れた
cloudy　曇った
overcast　雲に覆われた
rainy　雨降りの
sprinkle　降り始めのばらつく雨
drizzle　静かにしとしと降る雨
shower　にわか雨
pour　バケツをひっくりかえしたように激しく降る
hail　ひょう、あられ
freezing rain　地面に着氷すると凍る雨（車の運転を控えるべき一番危険な雨）
snowy　雪の降る、雪深い
snowstorm　吹雪
misty　霧やもやが立ち込めた
foggy　深い霧が立ち込めた
windy　風の強い
gusty　突風の吹く
lightning　稲妻

148

stick to ~

「〜に固執する、あきらめず〜を継続する」

🔊 148

It's too early to change strategy. You've got to stick to the original plan for now.

（戦略を変更するのは早すぎる。今は元の計画に固執すべきだ）

 stick to〜の文字通りの意味は「〜に貼りつける」ですが、これはビジネスの打ち合わせでも日常会話でも **「あきらめずに〜を継続する、〜に固執する、〜にこだわる」** という意味で使われます。

　ビジネスはあきらめず、継続することが重要です。すぐに注文が取れなくても連絡を取り続けたところ、後になってお客さまから改めて連絡をもらい、受注に結び付けることができたという実体験もありました。stick to〜はそんなことを思い起こさせる、心に留めておきたいイディオムです。

🔑 連想ボキャビル

stick to〜の同義語をご紹介します。

hold on to 〜 　〜につかまる
Please hold on to a strap.（つり革につかまってください）

cling to 〜 　〜につかまる、〜にこだわる
He's clung to the floating wood overnight.（彼は一晩中、浮木にしがみついていた）

persistent 　粘り強い、しつこい
He made persistent efforts to get over his depression.（彼はうつ病を乗り越えるために、粘り強く努力した）

149
right up one's alley

「(人)にうってつけである」

🔊 149

I'm glad that you left that other company. This new job looks right up your alley.
(あなたがあの会社を辞めてよかった。新しい仕事はあなたにうってつけのようですね)

 alley は「小道、路地」の意味です。つまり right up one's alley は、文字通り訳すと「〜の道に沿っている」ですが、**「〜にうってつけ、〜に適している」**という意味のイディオムです。このフレーズでの alley は「興味や能力」という意味で使われています。

🔑 連想ボキャビル

right は「権利、右」などを意味する名詞ですが、このフレーズのように副詞として使われるケースもよくあります。他のフレーズをご紹介します。

Right on!（その通り！　いいぞ、そのまま続けろ）
これは相手が言ったことへの相づち、励ましの言葉です。

right on time（時間ぴったりに）
He showed up right on time.（彼は時間ぴったりに現れた）

right（すぐに）
I'll be right back.（すぐに戻ります）

150

throw a curve ball

「意表を突く、戸惑わせる」

🔊 150

She threw them a curve ball with her questions, but they were ready to answer all of them.

（彼女は意表を突いた質問を投げ掛けたが、彼らは全てに答える準備ができていた）

 throw a curve ball は、文字通り訳すと「[球種の] カーブを投げる」 という野球用語です。そこから転じて**「人の意表を突く、戸惑わせる」** という意味で使われます。

ball を使ったイディオムは他にもいろいろあります。ビジネスでよく聞かれるものの一つに、**carry the ball（責任を持つ、率先してやる）** というものがあります。こちらは野球ではなく、ボールを運ぶアメフトやサッカーから来ています。

🔑 連想ボキャビル

carry the ball　責任を持つ、率先してやる
Who's carrying the ball on this project?（誰がこのプロジェクトの責任者ですか？）

get/set/start the ball rolling　始める
Let's get the ball rolling.（さあ始めましょう）

on the ball　調子がよい
He was really on the ball yesterday and made a superb presentation.
（彼は昨日、絶好調で、素晴らしいプレゼンを行った）

drop the ball　失敗する、へまをする
I dropped the ball on the construction bidding.（私は建設工事入札で大失敗した）

The ball is in your court.　あなたの番です、あなた次第です
This is our final offer; the ball is in your court.
（これは私どもの最終のご提案です、後はあなたのご決断次第です）

151

not have the bandwidth to ~

「～をする余裕がない、いっぱいいっぱいの」

◀)) 151

A: Shirley is taking sick leave today. Could you cover her shift?

（シャーリーは今日、病欠です。彼女のシフトをカバーしてもらえませんか?）

B: Sorry, I don't have the bandwidth to take her job.

（すみません、彼女の仕事をやる余裕がないのです）

NOTE
申し出を断るのは、時として難しいものです。それをうまく伝えるのが、この bandwidth を使ったフレーズです。bandwidth とは元々、「帯域幅」（データ伝送に使われる周波数の幅。単位は Hz [ヘルツ]）という IT 用語ですが、ここから転じて、「(コンピューター機器や人の) 処理能力」という意味が生まれました。**don't have the bandwidth** という形で「**～をする余裕がない**」とやんわりと申し出を断ることができます。現地のアメリカ人幹部がよく、このフレーズを使っていました。ビジネス会話では単に I can't ...（～はできません）と言うよりも、プロフェッショナルな断り方です。とはいえ、毎回こう言って逃げ切ることはできませんので、ご注意を。

🔑 連想ボキャビル

IT 業界に **copy, paste, and pray** というフレーズがあります。文字通りの意味は「コピーして、張り付けて、そして祈る」ということです。IT 業界でも最後の最後は神に祈るわけですね。こういうふうに使います。

I don't know what to do anymore. Let's just copy, paste, and pray.
（もうどうすればいいかわからない。コピペして祈っておこう）

152

screw the pooch

「へまをする」

🔊 152

A: How was the game yesterday?
（昨日の試合はどうでした?）

B: The first pitcher screwed the pooch with that game.
（先発ピッチャーが、試合を台無しにしてしまいました）

 これはアメリカ英語のスラングで**「ヘマをする」**という意味で、ビジネス会話でもとてもよく使われます。

　screw the pooch とほぼ同じ意味で **I goofed.（ヘマをした）** というフレーズもよく聞きます。失敗ばかり繰り返す、ディズニーアニメの犬のキャラクターのグーフィー（Goofy）も、ここから来ています。

　ただこれは、アメリカのみで使われる口語表現で、文字通りに訳すと下品な意味になります。使う場面に気をつけてください。

🔑 連想ボキャビル

screw を使ったフレーズをご紹介します。

screw up　へまをする
If you screw up too many times, they'll kick you off the project team.
（もしあまりにもへまが続いたら、彼らは君をプロジェクトチームから外すだろう）

screw around　時間の無駄遣いをする
I don't have time to screw around.（私には時間を無駄にする余裕はない）

153
at the end of the day
「結局」

🔊 153

A: Is Mark coming to the exhibition?
（マークは展示会に来るんですか?))

B: Well, at the end of the day, I don't care if he comes or not.
（まあ、結局、彼が来ようが来るまいが構いません）

> **NOTE**
> at the end of the day の文字通りの意味は「その日の終わりに」ですが、これはビジネスで非常に使われるフレーズで**「結局、結局のところ、最終的には」**という意味です。
>
> 別の言い方をしますと **after all、in the end、in conclusion** と置き換えることができます。

🎵 連想ボキャビル

day を使ったフレーズをご紹介します。

day by day 日に日に
It's getting hotter day by day. （日毎に暑くなってきている）

from day one 最初から
He was the best salesperson from day one. （彼は最初から最高の販売部員でした）

call it a day 終わりにする
Let's call it a day. （今日はこのくらいにしておきましょう）

make one's day 誰かを楽しませる
Thank you very much for visiting me. You made my day. （訪ねてくれてありがとう。あなたのおかげで素晴らしい1日でした）

154

raise eyebrows

「驚かせる、不快な気持ちにさせる」

🔊 154

A: Why isn't Brian here today?
（今日はどうしてブライアンはいないんですか?）

B: Actually, he left the company. His sudden departure raised everybody's eyebrows.
（実は会社をやめたんです。彼の急な退職は皆を驚かせました）

> **NOTE**　raise eyebrows は、「**驚かせる**」「**不快にさせる**」「**ひんしゅくを買う**」といった意味で使われます。日本語でも「眉をひそめる」「眉を上げる」と言いますが、ほぼ似たような意味ですね。eyebrows と複数形になることに注意しましょう。
>
> 　なお、「驚かせる」を表わす英語には **surprise、amaze、shock** などがありますが、意味は少しずつ違います。surprise は最も一般的な単語、amaze は surprise よりも強く驚かせる場合、shock は surprise よりも驚かせて動揺を与える、ネガティブなニュアンスを持ちます。

🔗 連想ボキャビル

顔の部位を使ったフレーズと、その例文をご紹介します。

up to one's neck/ears/eyeballs/eyes　（困難などに）どっぷりとつかって
I'm up to my neck in writing a bid proposal that's due tomorrow.（明日締め切りの入札の提案書作りに、どっぷりつかっています）

red-eye　夜行便（の）
I had to return to New York on a red-eye to attend a meeting the next morning.（翌朝の打ち合わせに出席するために、夜行便でニューヨークに戻らなければならなかった）

off the top of my head　即座に
Sorry, I can't come up with a good answer to your question off the top of my head.（すみませんが、すぐには良い回答が思いつきません）

155

be meant to ~

「（～となる／～をする）運命だ、～しなければならない」

🔊 155

We're meant to change the world with this new technology.

（私たちはこの新しいテクノロジーで世界を変えなければならない）

 be meant to ~ は「**～となる運命だ**」「**～しなければならない**」という意味です。1980年のアメリカ・レイクプラシッド冬季オリンピックでアメリカのホッケーチームがロシアチームに劇的な勝利を収めました。この実話を題材にした Miracle（『ミラクル』2004年）という映画があります。この作品の中で、ロシア戦の前に、アメリカチームの監督が Guys, you're meant to be here tonight.（お前たちは今夜、この試合に出る［そして勝つ］運命だった）とメンバーを鼓舞しますが、こうしたドラマチックな場面でもよく聞かれるイディオムです。そして、アメリカチームは、当時最強と言われたロシアチームに4対3で勝利するのです。

🔑 連想ボキャビル

be meant to ~ の例文をもう一つ。
We're meant to be together.（私たちは一緒になる運命だった）

be meant to do に似た意味のフレーズをご紹介いたします。
You are my destiny.（あなたは私の運命の人です）

It's written in the stars.（そうなる運命なのです）　※文字通りの意味は「星に書かれている」ですが、これも「運命だ」という意味です。

156

sick and tired of ~

「～はうんざりだ」

 156

I'm sick and tired of hearing your lame excuses for being late every morning.

（あなたの毎朝の遅刻の下手な言いわけを聞くのは、もううんざりだ）

> **NOTE** sick and tired of ~ は、sick や tired という単語そのものが持つ、身体の状態とはまったく関係がなく、「**～にはうんざりだ、～には愛想が尽きている、～に飽き飽きしている**」という意味のフレーズです。sick of~ や tired of~ でも同じことを表しますが、sick and tired of と重ねることで気持ちの強さを表します。

🔑 連想ボキャビル

sick and tired of と同じように、対になった英語フレーズをご紹介します。

out and about （病人が）外出できるようになって
It's good to see you out and about. （あなたが元気に外出できるようになってよかった）

pros and cons 長所と短所
What are the pros and cons of buying an old house? （中古の住宅を購入する長所と短所は何でしょうか？）

safe and sound 無事に、問題なく
I hope you get home safe and sound. （無事にご帰宅なさいますように）

157

compel one to ~

「〜せずにはいられない気持ちにさせる」

🔊 157

A: How was Sharon's presentation?
（シャロンのプレゼンはどうでしたか？）

B: It was fantastic. Her product demonstration compelled the clients to place a big order.
（素晴らしかったです。彼女の製品デモで、顧客は大口注文をせずにはいられませんでした）

> **NOTE**
>
> compel は「強制する、無理にさせる」という意味で学びます。この compel one to 〜 で「強制的に〜させる」とい意味もありますが、上の例文は力尽くで無理やりねじ伏せられるのではなく、**「どうしてもそうせざるを得ないような、自然な衝動を突き動かされて〜する」**という意味で使われています。
>
> 以前、お客さまとの打ち合わせで、Your proposal was **compelling**. と言われました。そばにいた同僚のアメリカ人に、良い意味か悪い意味か聞いたところ、これは良い意味で**「納得のいく、説得力あるもの」**という意味だと教えてくれました。形容詞用法で、これもよく使われます。覚えておきましょう。

👆 解説加筆

compel の類似語を紹介します。compel の元の意味の「強制する」に当たるのは **force**、上記の「説得力がある」でしたら、**convince** です。

A: How did the meeting go with that customer? （あのお客さまとの打ち合わせはどうでしたか？）
B: It went well. We convinced the customer to choose our proposal.
（うまくいきました。我々の提案を選んでもらえるよう説得できました）

158

elephant in the room

「誰が見ても明らかな問題」

🔊 158

We have to discuss the elephant in the room; that's the budget issue.

（われわれは、避けられている話題について話さなければならない、予算の問題についてだ）

 私が初めてこの表現を耳にしたのは、アメリカの現地法人の法務部門の女性からでした。当時、私は仕事上の大きな問題を抱えており、それを指して彼女は elephant in the room と表現したのです。なぜ急にゾウの話？とびっくりしました。

象が部屋の中にいれば、誰でも気付きますよね。ですから、これは、**「無視できない重要なこと」** を指すフレーズです。別の言い方をすれば、**「わかっているのに、皆が見て見ぬふりをしている問題」** のことです。

🔑 連想ボキャビル

動物を使ったフレーズと、その例文をご紹介します。

chicken 弱虫
Come on, just try it. Have a bite! Don't be a chicken!（ねえ、一口食べてみて！　怖気づかないで！）

have butterflies (in one's stomach) ハラハラしている
I had butterflies (in my stomach) before I gave the keynote speech at the conference.（会合の基調講演をする前、ハラハラした）

eat like a <u>horse/pig/bird</u> horse は「大食い」、pig は「ガツガツ」、bird は「小食」
How come you're always energetic but you eat like a bird!（そんなに小食なのに、どうやってそんなにエネルギッシュでいられるの！）

159

The thing is,

「実を言うと、大事なことは」

🔊 159

A: Congratulations on your new assignment.
（新しい任務おめでとう）

B: The thing is, I'm not sure if I can fill the role.
（実を言うと、その役目を果たせるかどうかわかりません）

 The thing is, はよくアメリカ人が使うフレーズで、2つの意味があります。**「実を言うと、」**そして**「大事なことは、」**です。

🔧 連想ボキャビル

「実を言うと」を意味するほかのフレーズと、その例文をご紹介します。

As a matter of fact, （実際のところ）
A: Greg reached his sales targets faster than everyone else, right?
（グレッグが一番速く、売上目標を達成したんですよね？）
B: No, as a matter of fact, I was the first. （いや、実は私が一番でした）

To tell the truth, （実を言うと）
To tell the truth, I don't know much about him. （実を言うと、彼をあまりよく知らないんです）

In reality, （実は）
He looks young, but in reality, he's over 70. （彼は若く見えるが、実は70歳を超えている）

The fact is, （真実は）
The fact is, I don't like honeydew melons very much. （実はハネデューメロンはあまり好きではないのです）

Actually, （実は）
Actually, I'm Japanese. （実は私は、日本人です）

160

sharpen the pencil

「値引きをする」

🔊 160

Our competitor is a Chinese vendor with rock-bottom prices. I wish to compete on quality, but we may have to sharpen our pencils to win this deal.

（われわれの競合は底値をつけている中国ベンダーです。品質で勝負したいが、この商談に勝つためには値引きをする必要があるかもしれません）

 「値引きをする」ことを暗に示す表現です。ビジネスでは最終価格交渉の時によく耳にします。ビジネスではもはや鉛筆を使う機会はあまりありませんが、これは日常的に使われているフレーズです。

🔑 連想ボキャビル

文房具を使ったフレーズと、その例文をご紹介します。

rubber stamp （よく確認せずに）承認する、（深く考えずに）賛成する ※これは「ゴム印」のことです。
The mayor makes the decisions and the committee just rubber-stamps them.（市長が決定を下し、委員会はただその承認をするだけです）

hold all the cards 万全の手を打つ
We'll be fine because we hold all the cards.（万全の手を打っているので大丈夫でしょう）

play ~ cards 切り札
He'll play the Democrat card to win the election.（彼は選挙で勝つために自分が民主党員であることを切り札にするだろう）

note ~ ~に注意する
Please note the prices may change without prior notice.（価格は予告なく変更される場合がありますのでご注意ください）

161

nail down

「はっきり取り決める」

🔊 161

We haven't been able to nail down a date for our next meeting.

（私たちは次の会議の日取りを、まだ決められていない）

「釘付けにする、突き止める」といった意味が、まず思い浮かぶでしょう。ですが、ビジネスでは**「はっきり取り決める、言質を取る」**などの意味でよく使われます。考えられる業務を事前にリストアップし、担当を明確にしておくような場面でよく使われます。プロジェクトを立ち上げる事前打ち合わせの場でも頻出します。

　釘がきちんと打たれていない板は後ではがれてしまいますが、それと同様に、問題発生を防止するために、事前に全ての項目について**「担当者や責任範囲などの詳細を詰める」**といった行為を指します。

🔧 連想ボキャビル

nail down の類似表現をご紹介します。

define clearly　明確に定義する
We have to define the scope of each person's work clearly on this project.（このプロジェクトにおける各自の仕事分担をきちんと定義しなければならない）

decide on a specific option　どの選択肢を取るか決める
Let's decide on a specific option before we get started.（取り掛かる前に、どの選択肢でいくかを決めましょう）

162

under the gun

「切羽詰まって、追い詰められて」

🔊 162

He was under the gun trying to start the project by the end of the month.

（彼は月末までにプロジェクトを開始させようと切羽詰まっていた）

 これは文字通り、銃を突きつけられて、という状態を表すフレーズで、そこから **「切羽詰まって」** という意味になるのは、ごく自然ですね。

昔、カンザスシティ（カンザス州とミズーリ州にまたがる都市圏）のお客さまと会食をした時に銃の話になりました。その方の家には先祖代々から引き継がれた銃が、寝室、リビング、そして車にもあるとのこと。非常に驚きましたが、日本では考えられない数の銃を持っているアメリカ人がアメリカに実際にいるという現実を知りました。自分と家族を守るために銃が必要だ、と考える人もいるのです。

🔧 連想ボキャビル

アメリカには gun にまつわるフレーズがたくさんあります。

・**big gun**　大物、奥の手

・**top gun**　トップクラスの人　※これはトム・クルーズ主演の映画『トップ・ガン』で有名になった、「アメリカ海軍のエリート戦闘機パイロット養成機関」の意味もあります。

・**at gunpoint**　（銃で）脅されて

・**jump the gun**　早まった行動を取る

163

end up doing ~

「結果的に～（すること）になる」

🔊 163

1. **I ended up doing everything myself because most of the staff in the office were busy with other work.**
（オフィスのほとんどのスタッフは他の仕事で忙しく、結局自分で全てやることになった）

2. **That deal ended up being not such a good one for our company, despite all the long negotiations.**
（長い交渉にも関わらず、結果としてその商談はわが社にとってはそれほど良いものにはならなかった）

> NOTE これも非常によく使われる表現で、**end up ~ing** と **end up with 名詞**の2つのパターンがあります。物事が予期せぬ結果になる時に使われ、ある結果から元の計画を比較して、振り返るものですが、自分自身が対象の時は自虐のニュアンスを含みます。
> また、そうした含みは全く持たず、**end up in＋場所**で「～に行き着く」という意味でも使います。以下に例を挙げます。
> I didn't have GPS, so I had to drive with a map and I **ended up in** the middle of nowhere. （GPSがなかったので、地図で運転するしかなく、どこかわからない場所に行き着いた）

🔧 連想ボキャビル

end を使ったフレーズをご紹介します。

• **at the end of the day** 結局のところ

• **make both ends meet** 収支を合わせる

• **odds and ends** がらくた

• **at a loose end** ぶらぶらしている

164

come up with ~

「~を思いつく、~を考えつく」

🔊 164

I came up with a new sales strategy and told my boss.

（私は新しい販売戦略を思いついて、上司に提案した）

 これは、あるアイデアを**「思いつく、考えつく」**という時によく使われ
るフレーズです。**「工面する」**という意味でも使われます。例文を挙げ
ましょう。

I couldn't **come up with** the money so I had to close my restaurant.
（お金を工面できず、自分のレストランを閉店せざるを得なかった）

🔑 連想ボキャビル

また、同じく come を使った、ビジネスでよく出てくるアメリカ英語のイディオムに、
come down the pike というものがあります。これは、**「アイデアなどが出てくる、
チャンスなどが表われる」**という意味です。例文を挙げましょう。

I think this is the greatest idea that ever came down the pike. （これは
今まで出てきた中で最高のアイデアだと思う）

165

get to the point

「要点を言う、核心をつく」

🔊 165

Excuse me. We need to wrap up the meeting soon. Could you get to the point?

（すみません。そろそろ会議をまとめないといけません。要点を言ってくれませんか？）

> **NOTE**
>
> ビジネスにおける連絡や報告、発表では、要点を整理して話すことが求められます。特に日本人の話す英語は、日本語の組み立てに基づいて筋道が立てられることが多いため、結局、何がポイントかがわかりづらいことが往々にしてあります。そのような場合、この get to the point を求められることがあるでしょう。

同じ意味の英語のフレーズもご紹介します。

- **What's the bottom line?**（要点は何ですか？）
- **What's your conclusion?**（結論は何ですか？）

また、こちらがあまりにも回りくどい説明をすると、アメリカ人はストレートにこう言ってくる場合もあります。

- **Tell me what you want.**（あなたの望みは何なのか言ってください）

🔧 連想ボキャビル

point を使ったフレーズにはこんなものがあります。

get one's point across　言いたいことを伝える
The meeting went well. At least I got my point across.（打ち合わせはうまくいきました。少なくとも私が言いたいことは伝わりました）

Point taken.　了解です。おっしゃるとおりです。
A: Do you understand what I'm trying to say?（私が言わんとしていることをご理解いただけるでしょうか？
B: Yes. Point taken.（ええ。了解です）

166

up in the air

「まだ何も決まっていない」

🔊 166

Everything is still up in the air; we have to hurry and finalize a budget for the conference.

（何もかもがまだ未定です、急いで会合の予算を決めなければなりません）

 文字通りには、宙に浮いているということですが、ビジネスの場では**「何も決まっていない」**ことを意味します。

　また、ビジネスでは決定事項が突然撤回されることもありますね。そんな時、日本語では「振り出しに戻る」とか「棚上げとなる」と言います。これと同じように、ある案件がどうなったか？と聞いたら、同僚のアメリカ人の口から出てきたのも、It's up in the air. (それは棚上げになった) でした。

🔑 **連想ボキャビル**

air を使ったフレーズは非常にたくさんあります。以下にご紹介します。

・**by air**　飛行機で

・**on the air**　放送中で

・**clear the air**　誤解を取り除く

・**give air to A**　A を公表する

・**into thin air**　全く見えなくなる

・**out of thin air**　どこからともなく

・**pick A out of the air**　A（アイデア）が突然頭に浮かぶ

・**take the air**　ちょっと散歩に出かける

・**walk on air**　有頂天になる

167

shoot for ~

「～を目指す、～を目標にする」

🔊 167

Regarding our follow-up meeting, let's shoot for next Wednesday.

（フォローアップ会議は、来週の水曜日を目標にしましょう）

NOTE　イベントの開催日はいつを目指すか、といった相談をするような時、出てくる英語です。まだ確定していない日を、まさに決めようとしている時に使える便利な表現です。私も頻繁に使います。

　ただし shoot for ～は、元々は「野心的な計画を持つ、高い目標を掲げて頑張る」という意味のフレーズです。例えばこのように使います。

Our team is **shooting for** the championship at Koshien. （うちのチームは甲子園での優勝を目指している）

🔧 連想ボキャビル

shoot を使ったフレーズをご紹介します。

・**shoot for the moon**　実現困難な高い望みを抱く

・**shoot for the stars**　高い目標を持って頑張る

168

speaking of which

「そう言えば」

🔊 168

Speaking of which, did you finish the product meeting already?

（そう言えば、商品会議はもう終わった?）

 直前の相手（あるいは自分）の発言を受けて、そのことに関して、**「そ ういえば」と思いついた情報を付け加える**場合に用いられる表現です。 以下のような流れもありそうです。

A: I ran into Hiroshi yesterday. You know, we were in the same high school class.（昨日、ひろしに偶然会いました。私たち、高校の同じクラス でしたね）
B: I haven't seen him in years. **Speaking of which**, has our old high school teacher, Mr. Tanaka, retired?（もう何年も会ってないな。そう言え ば、クラス担任の田中先生は退職されたのかな?）

🔑 連想ボキャビル

speaking of ... は「〜について言えば」という意味です。これは、**With regard to ...**, あるいは、**Regarding ...,** に置き換えることもできます。ただ私の経験上、ビジ ネス会話では Speaking of ... の方がより頻繁に使われているように感じます。以下 に例文を挙げます。

Speaking of music, what kinds of songs do you like?（音楽と言えば、ど んな歌が好きですか?）

column

「私を野球に連れて行って」

　アメリカを語る時に野球は不可欠です。アメリカでビジネスの打ち合わせをする際、出身地について話題に上ることがよくありますが、その時に、出身地の野球チームについて触れると、野球好きのアメリカ人は目を輝かせて地元チームの話を始めます。

　日本はセリーグとパリーグの2リーグ制ですが、アメリカはナショナルリーグ（ナ・リーグ）とアメリカンリーグ（ア・リーグ）があり、大都市の中には両リーグのチームを持つところもあります。例えばシカゴは全米第3位の人口を抱える大都市で、ナ・リーグのカブスとア・リーグのホワイトソックスの2チームがあります。以前、シカゴ出身のお客さまにカブスの話を持ち出したら、その方が大ファンだとわかり、私はカブスの話を延々と聞かされる羽目に陥りました。おかげで、その後の商談はうまくいきましたが。

　アメリカのメジャーリーグ・ベースボールの歴史は、今から約150年以上前にさかのぼり、1864年に行われたニューヨーク・ニッカボッカーズとニューヨーク・ナインの対戦から始まりました。最初のプロチームは、1869年にできた「シンシナティ・レッドストッキング」です。1901年には、ア・リーグとナ・リーグ共に8チーム、計16チームでしたが、2013年には各15チーム、計30チームとなり現在に至ります。いずれのチームも4月上旬から9月末にかけて162試合を戦い、最後に両チームの優勝者がワールドシリーズで対戦し、勝者がチャンピオンとなります。30チーム中、29チームは米国のチームですが、ア・リーグ東部のトロント・ブルージェイズだけがカナダのチームです。

　トロント・ブルージェイズは、私がトロントに赴任した1992年と翌1993年の2回、ワールドシリーズで優勝しました。1992年に優

勝が決まった夜、トロントは一晩中、お祝いで町中大騒ぎでした。カナダチーム初のワールドシリーズ優勝だったからです。現地で地元チームの優勝を祝えたのは本当にラッキーでした。とはいえ、トロント・ブルージェイズのメンバーは、球団のオーナー一人を除いて他はアメリカ人でしたので、本当にカナダのチームと言えるかどうかは疑問でしたが。

　その後、テキサス州ダラスへ長期出張しましたが、その時には、地元チームのレンジャーズへ日本からダルビッシュ有選手が入団しました。ダラスにいる日本人は皆、週末、彼を応援に行きました。私も何度か足を運びましたし、アメリカ人の中でも彼は大人気でした。レンジャーズは当時非常に強く、リーグ優勝を2回、果たします。残念ながらワールドシリーズの優勝はできませんでしたが、見事な戦績でした。

　アメリカで野球を見に行くと、2つの重要なイベントがあります。一つは試合開始直前のアメリカ国歌斉唱です。皆、帽子をとって立ち上がり、右手を胸に当てて静かに聞き入ります。

　そしてもう一つは、7回表の終了時、スタンドの観客全員が再び立ち上がって、ある歌を歌います。これが有名な、**Take me out to the ball game**（私を野球に連れて行って）です。1908年作曲の非常に古い歌ですが、アメリカ人は小さい頃から親に野球場に連れて行ってもらう人が多く、この歌は皆、覚えているのです。体を左右に揺らしながら本当に嬉しそうに歌います。私も何度か一緒に歌いました。野球はアメリカ人に、自分がアメリカ人であることを再認識させる、一大イベントなのです。

169

burn one's bridges

「退路を断つ、背水の陣を敷く」

🔊 169

He burned his bridges by insulting everyone before he quit.

（彼は会社を辞める前に全員を侮辱して、退路を断った）

NOTE ビジネスの会話ではよく聞く表現です。「**背水の陣を敷く**」、あるいは、「**一切の関係を断つ**」という意味があります。自分が通った橋を燃やしてしまって、元に戻れなくなるというイメージですね。なお、Don't burn your bridges.（退路を断つな）と、否定形でもよく使います。

　これに近い有名な言葉には、**The die is cast.（賽は投げられた）**、**cross the Rubicon（ルビコン川を渡る＝重大決心をする）**があります。これらはいずれも、シーザーが言った言葉とされていますが、いずれも後戻りできない決断をする時の英語表現です。

🔑 連想ボキャビル

bridge を使ったイディオムをいくつかご紹介します。

water under the bridge　覆水盆に返らず
It's water under the bridge. Let's look to the future.（それは過ぎ去ってしまったことだ。未来を捜そう）
※日本の英語の授業では、It's no use crying over spilt milk（覆水盆に返らず）を学んだ方もいると思いますが、ほぼ同意味です。

bridge the gap　溝を埋める、橋渡しをする
The UN meeting was an attempt to bridge the gap between the nations.（国連の会合は、国家間の溝を埋めようとするものだった）

170

with that in mind

「そのことを念頭において、それを考慮に入れて」

🔊 170

Let's start the discussion with that in mind.
（そのことを念頭において議論を始めましょう）

 mind は「心、知性、考え、意見、人」など、非常に広い意味を持ちます。
例えば、有名なカントリー歌手のウィリー・ネルソンのヒット曲
"Always on my mind" は、「あなたはいつも私の心に」という意味です。

　ビジネスでの mind は**「考え、意見、アイデア」**などを指して言うことが多
いようです。応用例として、**I'll keep that in mind.**（それを考慮に入れて
おきます、参考にさせていただきます）も覚えておくといいでしょう。

🔑 連想ボキャビル

mind を使ったフレーズをご紹介いたします。

be of one mind　意見が一致している
She and I are of one mind on this.（彼女と私はこの件で意見が一致している）

be of two minds　決めかねている
I am of two minds on this subject.（私は本件について決めかねている）

blow A's mind　A（人）を興奮させる
He blew my mind with this decision.（彼のこの決定にわくわくした）

bring A to mind　（人が）A を思い出す
His son brought his father to mind.（彼の息子を見て、彼を思い出した）

come to mind　（ふと）思いつく
An idea came to mind when I was talking with my old friend.（旧友と話
をしている時に、あるアイデアを思いついた）

clear the air

「誤解を解く、わだかまりをなくす」

🔊 171

Let's clear the air between us first.

（まずは私たちの間にある誤解を解きましょう）

> **NOTE**
> このフレーズを最初に聞いたのは、来日されたあるパートナー企業の
> アメリカ人幹部の方からでした。その会社との間では利害が対立する
> 案件があり、それについての議論が始まって気まずい空気が流れ始めた時、
> 彼の口からこの言葉が出ました。
>
> 日本人なら言いにくいことは言わずにすませることが多いかもしれません
> が、彼は非常に率直で、こう言った後、自分の考えを全て説明し、私たちにそ
> の理解で正しいか、そうでなければ私たちの考えを聞かせてほしいと求めま
> した。
>
> その結果、お互いの誤解があったことが判明し、わだかまりが解消して、そ
> の後は終始なごやかな雰囲気で打ち合わせは終わりました。
>
> お客さまとの間で折り合わない点がある場合、お互い反対意見を正面切っ
> て言い合って物別れになることを恐れ、誰も何も言わないケースが結構ある
> でしょう。そんな時、この言葉を使ってお互い率直に話ができれば、素晴らし
> いと思います。

172

wear two hats
「二足のわらじを履く」

🔊 172

A: What is the scope of your work at this company?
（あなたのこの会社での業務分担はなんですか?）

B: I'm a salesperson but at the same time, a troubleshooting engineer. It's a small company. I wear two hats here.
（私は販売員であると同時に技術のトラブル対応をやってます。小さい会社ですから、私は一人二役を担っています）

 文字通りは「２つの帽子をかぶる」ですが、ビジネスの会話では**「1人で２つの仕事をする、1人で２つの役職に就く、二足のわらじを履く」**という意味です。英語ではわらじを履く代わりに帽子をかぶるわけですね。

　このイディオムは、特にシリコンバレーの新興企業の方との打ち合わせの際によく出てきました。**wear three hats**（一人３役）、**wear many hats**（一人で何役も）という方も珍しくありませんでした。

　こういう人は、シリコンバレーから離れたテキサス州にもいました。ただし、テキサス州で契約した方は、実家が牧場をやっていて、工事会社の経営と牧場経営者という二足のわらじを履いていました。牧場には父親から引き継いだ馬が何頭もいるとのこと。日本では牧場主と工事会社経営という二足のわらじを履く方は珍しいのではないでしょうか？

🔑 連想ボキャビル

hat を使ったフレーズをご紹介します。

take one's hat off to someone 　脱帽する、尊敬する
Congratulations! I take my hat off to you.（おめでとうございます！　あなたには脱帽です）

tip one's hat to someone 　上と同じ意味です
I tip my hat to you for your effort.（あなたの努力には脱帽します）

173

on a pro rata basis

「割合に応じて」

🔊 173

The workers' overtime payment is calculated on a pro rata basis.

（従業員の残業代は日割で計算される）

 これは英文契約書でも使われている正式な英語表現です。pro rata はラテン語です。**「割合に応じて、比例して」** という意味です。in proportion とも言い換えられます。代金を割合に応じて支払い、責任の割合に応じて賠償金・保証金を支払うといった契約書の条項でよく見られる用語です。

🔧 連想ボキャビル

ラテン語を語源とした英語フレーズや略語をご紹介します。

etc. ～など
You can use this toolkit for many purposes – repairing your desk, chair, etc. （この工具は机、椅子その他を修理するのに使えます）

vice versa 逆も同様
Humans turn into animals and vice versa in many myths. （多くの神話では人は動物になり、その逆もまた同様である）

i.e. すなわち
In this analysis, less than 1 percent of customers (i.e. only two people so far) who purchased this product are returning it to stores.
（この分析では、この製品を購入した客の1％以下──すなわち現時点でたった2人──しか店へ返却していない）

per capita 一人当たり
Per capita, that's two times the rate in Tokyo. （一人当たりで見るとそれは東京での割合の2倍だ）

174

test the water
「顔色を伺う」

🔊 174

A: Do you think our boss will accept this proposal?
（上司はこの提案を了承すると思いますか?）

B: Are you testing the waters with me? Why don't you just ask him?
（僕の顔色を伺っているの? 本人に直接聞いてみてよ）

 test the water(s) には「**正式に発表する前に様子を伺う**」という意味があります。他の日本語だと「**忖度する**」とも言えます。

🔧 連想ボキャビル

water を使ったフレーズをご紹介します。

water under the bridge あとの祭りだ
We shouldn't have told our plan to him but that's all water under the bridge.（われわれは計画を彼に話すべきではなかったが、全てはあとの祭りだ）

be dead in the water 成功の見込みがない
His new venture business is dead in the water.（彼の新しいベンチャー事業は成功の見込みがない）

blow A out of the water A をこてんぱんにやっつける、完勝する
We really blew that team out of the water last night.（昨晩、われわれはあのチームをこてんぱんに負かした）

hold water 筋が通っている、理にかなっている
Your proposal doesn't seem to hold water.（あなたの提案は筋が通ってないようだ）

in deep water 苦境に陥っている
Our company is in deep waters with creditors.（わが社は債権者に対して苦境に陥っている）

175

to the best of my knowledge

「私の知る限り」

 175

To the best of my knowledge, he is a very reliable person.
（私の知る限り、彼は非常に信頼できる人物です）

> **NOTE** このフレーズはビジネスで非常によく使われています。他の英語だと、**As far as I know**, he is a very reliable person. でもほぼ同じ意味です。ただし、to the best of my knowledge には**「もしかしたら自分は間違っているかもしれないが」**というニュアンスが含まれています。

🔧 連想ボキャビル

knowledge について、もう一つフレーズと例文をご紹介します。

safe in the knowledge that ~　　～だということを十分知った上で
They went on vacation, safe in the knowledge that their pet would be well taken care of by their friend while they were away.（彼らは友達がペットの面倒をきちんとみてくれることを十分わかった上で、休暇に出かけた）

176

in line with ~
「〜に沿って」

🔊 176

Is this proposal in line with your request in terms of quantity?
(この提案は、数量条件において御社の要求に沿っていますか?)

 これはビジネスで非常によく使われる表現です。ビジネスではお客さまやビジネスパートナーが考えていること、そして共通目標をその都度、確認しながらコミュニケーションを進めることが非常に重要です。このフレーズは、まさにそれを実践する上で大変役に立つフレーズです。

🔧 連想ボキャビル

ビジネスでよく使われる line の入ったフレーズと例文をご紹介いたします。

draw the line　一線を画す、これ以上はできないと断る
He had to draw the line with him since he was asking for everything free of charge. (何でも無償で寄越せといってくるので、彼にはこれ以上は無理と言わざるをえなかった)

hold the line　現状を維持する
The company was trying to hold the line with its existing business before getting into anything new. (その会社は新規ビジネスに参入する前に、既存ビジネスの現状を維持しようとしていた)

read between the lines　言外の意味をくみ取る
We are trying to read between the lines when we are listening to his speech. (彼のスピーチを聞きながら、私たちは言外のメッセージをくみ取ろうとしている)

somewhere along the line　どこかの段階で
I think we should meet in person somewhere along the line.
(どこかの段階で、私たちは直接会うべきだと思います)

177

show someone the ropes

「仕事のやり方を教える」

🔊 177

Simon will take you around the office and show you the ropes.

（サイモンがオフィス内を案内して、仕事の手順を教えます）

> **NOTE** これは、会社に入ってきた新人に先輩が**「仕事のやり方を教える、仕事の手ほどきをする」**という時に使うイディオムです。なお、know the ropes だけだと、「仕事のコツを知っている」という意味になります。これは、航海に由来する言葉で、かつて船は、マストや帆を全てロープで操作していたので、このロープの操作法を知っていることが、仕事のコツを熟知していることにつながったと言われています。

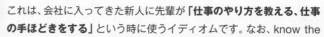 連想ボキャビル

rope を使ったフレーズをご紹介します。

on the ropes　絶体絶命
He was on the ropes with that deal, but he came up with a good idea and made a success of it.（彼は商談で完全に追い詰められていたが、良いアイデアを思いつき、商談を成功させた）

rope in　誘い込む
They didn't have enough staff to finish the project, so they roped me in to help.（そのプロジェクトを完遂するために十分なスタッフがいなかったので、彼らは私を誘い込んで手伝わせた）

178

get cold feet
「怖気づく」

🔊 178

He was going to tell the truth about the embezzlement, but he got cold feet at the last minute.
（彼は横領について真実を言うつもりでいたが、最後の最後で怖気づいてしまった）

 何かをやることになっていたが、いざというときになって怖気づいてしまうことをいいます。「**二の足を踏む**」とも言えます。具体的には直前に不安や緊張など精神的に追い込まれた結果、すべきことができなくなったシチュエーションで使います。よく映画やドラマで、結婚式の直前になって、やっぱり結婚は無理！とマリッジブルーの花嫁（花婿）が言い出すシーンがよくありますが、その時も決まって出てくるフレーズです。

🔧 連想ボキャビル

cold と hot を使ったフレーズをご紹介します。

cold call　勧誘電話
I got a cold call in the middle of dinner from someone offering savings on our phone bills. （夕食の途中で、電話料金の値引き提供の勧誘電話を受けた）
　昔、アメリカではセールスマンの最初の仕事は、電話帳の上から順に電話して見込み客を捜すことでした。今は電話帳は使いませんが、調査会社が提供した見込み客にまずは電話し、営業活動を始めることはあります。cold call とは、まさにこの電話のことを言います。

hot potato　厄介な問題
This issue is turning into a hot potato since no one can figure out a way to resolve it. （誰も解決案を見出せず、この件は厄介な問題になりつつある）

179

add the final touches

「最後の仕上げをする」

🔊 179

A: Has he finished his drawing?

（彼は製図を仕上げたのでしょうか？）

B: No, he said he would add the final touches to it today.

（いいえ、今日、最後の仕上げをすると言ってました）

final touch とは「最後の仕上げ」、add a final touch to 〜で**「〜の最後の仕上げをする、〜の最終調整をする、〜を完璧にする」**という意味です。仕上げに必要な工数が複数ある場合は、複数形の touches が用いられ、add the final **touches** となります。

🔑 連想ボキャビル

ここで改めて**「仕上げる」**を英語では何と言うでしょうか？ **finish、end、complete、close、stop** などが思いつきますが、それぞれの違いを見てみましょう。

まず finish は、「労力を伴って何かを完了する」というニュアンスです。一方、end は単に「続いていたことを終える」という意味です。complete は finish 同様、最後までやり遂げるということですが、よりフォーマルです。close は「閉じる、ふさぐ」という意味で主に使いますが、文脈により「仕上げる」と訳せます。

一方、stop と finish には大きな違いがあります。finish は最後までやり遂げるという意味があるのに対して、stop には中断するという意味があるからです。

また仕上げることができず「延期する」という場合の英語も見ておきましょう。

put off

I have to put off the decision because I don't have enough time today. （今日は十分な時間がないので、決定を先延ばしにせざるをえない）

postpone

I postponed the decision until next Monday. （私は月曜日まで、決定を延期した）

180

good to go
「準備完了」

🔊 180

I've fixed the broken chain, and now the bicycle is good to go.
（切れたチェーンを直したので、自転車は準備完了だ［すぐに乗れる］）

 これは元々、軍隊用語でしたが、現在ではビジネスでもよく使われる英語表現です。**出かける準備ができている**、あるいは、**何かの行動を起こしたり、使用する準備ができている**場合に使います。特に、修理やリニューアルが終わった後に使うことが多いようです。ready to go と同じ意味で、昔は ready to go より少し下品な言葉と思われていたようですが、今は日常会話でも普通に使われています。

🔑 連想ボキャビル

go を使った他のフレーズをご紹介します。

go on　続ける
I can't go on like this.（こんなんじゃ、やっていけない）
Go on!（続けてください！）

go + 動詞　行って〜する
Let's go grab some food.（出かけて食べに行こう）

go off　爆発する
The bomb could go off any second.（爆弾はいつ爆発してもおかしくない）

going strong　元気にやっている
He's 80 and still going strong.（彼は80歳だがまだ元気にやっている）

to go　（飲食物が）持ち帰り用の
For here or to go?（店内で召し上がりますか、それともお持ち帰りですか？）

181

get a hold of ~

「~（ある人と）連絡を取る」

🔊 181

A: Could you get a hold of the customer?
（あのお客さまと連絡は取れましたか?）

B: Yes, I got a hold of him last week.
（はい、先週連絡が取れました）

NOTE

「連絡を取る」は、授業で学んだ英語であれば contact がすぐに思いつくかもしれません。contact ももちろん正しい英語ですが、アメリカでは、ビジネス英語でも日常会話でも、この get a hold of というイディオムがよく使われます。なお、get <u>ahold</u> of ~と表記する場合もありますが、意味は同じです。お客さまと連絡がついたかどうかを確認するような場面では、常套句です。

🔧 連想ボキャビル

ビジネスでの hold を使ったフレーズと例文をご紹介します。

hold a meeting　会議を開催する
Let's hold a meeting next Monday.（来週の月曜日に会議を開催しましょう）

hold the line　電話を切らずに待つ
Would you hold the line? I'll be back in a second.（電話を切らずに待ってくれますか?　すぐ戻ってきます）

hold on　困難に耐え続ける
That company managed to hold on during the recession.（その会社は景気低迷の間、なんとか持ちこたえた）

182

boil the ocean

「無茶なことに挑戦する」

■》182

We can't possibly inspect every item that comes off the production line. That'd be boiling the ocean.

（生産ラインから弾かれる全商品の検査はできません。それは無茶というものです）

 文字通りの意味は「大海を沸かす」という表現ですが、あり得ないで
すね。つまりこれは**「明らかに無理なことに挑戦する」**という意味の
イディオムです。常識で考えると無理だと明らかにわかるようなことを相手
が言った場合、この言葉を使ってなだめることができます。

🔧 連想ボキャビル

「無茶をする」から連想される表現には、どんなものがあるでしょうか。いくつかご紹
介します。

absurd　ばかげている
The idea seemed absurd at first.（最初、その考えはばかげているように見え
た）

reckless　無謀な、見境のない
I want you to stop making reckless investments.（あなたに無謀な投資は
やめてほしい）

shoot for the moon　実現困難な望みを抱く
**You said you want to play at the Tokyo Dome? You're shooting for the
moon.**（東京ドームでプレイしたいって？　それは夢のまた夢ですよ）

211

183

back to square one

「（出発点や振り出しに戻って）最初からやり直す」

🔊 183

The investigation had to go back to square one when Mr. Taylor proved he wasn't anywhere near the scene of the crime.

（テイラー氏が犯行現場近くのどこにもいなかったことを証明したため、捜査は振り出しに戻った）

> **NOTE**
> スクエア・ワンとは、すごろくや人生ゲームのようなボードゲームの最初の四角いマス目を指します。つまり、**「振り出しに戻る」**ということです。今ではボードゲームだけでなく、いろいろな事柄に使われます。**go back to square one（振り出しに戻る）**、**still at square one（まだ進展がない）**などのようにも使われます。

🔑 連想ボキャビル

似たような表現に **get off/out of the drawing board** という言い方もあります。drawing board とは「製図版」のこと、つまり、製図版から次のステップに進むということで、**「実現に向けて動き出す」**という意味になります。
Our idea never got off the drawing board and the company went bankrupt.（われわれの計画が実行に移されることはなく、会社は倒産した）

また、**from scratch** も、**「ゼロから」**を意味するイディオムです。scratch は「～に傷を付ける、～を引っかく、〔車体などを〕（…に）こする」といった意味ですが、名詞形で、「（棒で地面を引っかいて描いた）スタートライン」も指します。このイディオムは、ここから来ていると思われます。
I tried to build a personal computer from scratch.（私はコンピューターを一から組み立てようとした）

184

come hell or high water

「何があろうとも」

🔊 184

I will complete this project come hell or high water.

（私は何があろうともこのプロジェクトを完遂させます）

 このフレーズを分解すると、hell は地獄、high water は洪水です。「た
とえ地獄に落ちようが、洪水になろうが」という意味から、**「どんな試
練が訪れようとも、何があろうとも」**という意味になります。

　日本語にもこれに近い表現がありますね。**「たとえ火の中、水の中」**です。
後半の「水」は、英語のフレーズの high water と似ていますが、前半の「火」
は、英語だと hell となるわけですね。

　悲壮感や真剣度を本当に相手に伝えたい時、come hell or high water を
ぜひ一度、使ってみてください。

🔧 連想ボキャビル

「何があろうとも」は、もっと一般的な英語では、**by all means、no matter what
happens** などとも言います。

I'll finish all the paperwork today by all means.（何があろうと、この書類仕
事を全て今日中に終わらせます）

I'll conclude the agreement no matter what happens.（何があろうと、同
意書を締結します）

185
talk the talk and walk the walk
「有言実行する」

🔊 185

1. Don't talk the talk if you can't walk the walk.
（実行できないなら言うな）

2. When it comes to sharing household chores, he talks the talk but doesn't walk the walk.
（家事の分担に関して言えば、彼は言うことは言うが、実行しない）

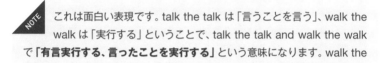

NOTE　これは面白い表現です。talk the talk は「言うことを言う」、walk the walk は「実行する」ということで、talk the talk and walk the walk で**「有言実行する、言ったことを実行する」**という意味になります。walk the talk とも言います。

　talk the talk だけだと、「口先だけ」と言う意味で **It's easy to talk the talk.**（口で言うのはたやすい）のように言います。

🔧 連想ボキャビル

同じく walk を使ったイディオムに、**walk a tightrope** があります。これは**「綱渡りをする、危ない橋を渡る」**という意味です。例えば、このように使います。

The governor was walking a tightrope by easing the lockdown while the trend in new infections was still uncertain.（知事は新しい感染症の傾向がいまだに不確実な中、都市封鎖を緩和するという危ない橋を渡った）

　walk a tightrope とは、文字通りには「ピンと張った綱の上を歩く」という意味ですが、当然バタバタと綱の上を歩くことはできませんので、「危ない橋を渡る、綱渡りをする」という意味になるわけです。

186

gift of the gab
「生まれつきのスピーチの才能」

🔊 186

He made every presentation successful. He has the gift of the gab.
（彼はプレゼンをことごとく成功させる。弁が立つのだ）

 gift は贈り物ではなく、「才能」という意味で、gab は「話すこと、お
しゃべり、無駄口」を意味します。gift of the gab で**「生まれつきのス
ピーチの才能」**という意味です。

🔧 連想ボキャビル

贈りものについて：
贈りものをするとき、日本人は「つまらないものですが」と謙遜しますが、これを英語
に直訳すると、なぜつまらないものを私に渡すの？　とアメリカ人に怪訝な顔をされ
ると思います。謙遜しながらも、相手に快く受け取ってもらうためには、以下のような
フレーズが便利です。
Here is something for you.／This is only a little something.（ちょっとし
たものですが）

スピーチについて：
「アメリカ人はスピーチをジョークで始める。日本人はスピーチを謝罪で始める」とい
うジョークがあります。日本人とアメリカ人のスピーチのスタイルを決定づけている
のは、ユーモアの使い方にあるのではないでしょうか。アメリカ人は小さいころから、
笑いによって場を和ませ、聴衆の心を自分に引き寄せる練習をしています。ビジネス
においても、アメリカ人はスピーチを非常に重視していて、そのための準備も怠りま
せん。

187
between a rock and a hard place

「往生して、どうしようもなくなって」

🔊 187

We've already had six meetings about which age group to target, and now we're stuck between a rock and a hard place.

（どの年齢層を対象にするかについてはすでに6回会議を行っているが、今、われわれはにっちもさっちもいかなくなっている）

 このフレーズの意味は、物理的に岩と固い場所の間という意味ではなく、**「ある選択を求められていて、どちらを選択しても大変困った状況にある、苦境に陥っている」** ことを意味しています。

現地法人のアメリカ人幹部は、自分が置かれた厳しい状況を説明する時、よくこの表現を使っていました。彼はいつも、日本とお客の間に挟まれていました。日本とお客のどちらが rock でどちらが hard place なのかはわかりませんが、にっちもさっちもいかない状況にあることは、よく伝わりました。between the devil and the deep (blue) sea というのも同じ意味です。devil は船の底部にある「骨翼板」のことです。

🔑 連想ボキャビル

rock の入ったフレーズをご紹介します。

solid as a rock 非常にしっかりした
This house is solid as a rock. （この家は造りが非常にしっかりしている）

be on the rocks 破綻しかけている
That company is on the rocks. （その会社は破綻しかけている）

216

188

at your disposal

「あなたの仰せの通りに」

🔊 188

I'm at your disposal for any further information you may need.

（さらに何かご入用の情報がありましたら、なんなりとお申し付けください）

 disposal は「廃棄、処理」という意味の英語ですが、「自由になるもの」という意味もあります。そこから、at your disposal は**「あなたの仰せの通りに」**という意味になります。

🔧 連想ボキャビル

上でご紹介した例文は、営業部員からお客さまへのビジネス文書やメールでもよく使われる決まり文句ですが、これを別の英語に言い換えると、以下のようになります。

・**Let me know if there is anything I can do for you at any time.**

・**Please feel free to contact me at any time if you need any help.**

・**Should you require any assistance, don't hesitate to call me at any time.**

なお、**I'm at your disposal.** は、決して固い書き言葉ではなく、例えばホテルのスタッフからも聞く言葉です。朝、ホテルを出る時、ホテルのフロントデスクで Have a good day!（良い一日を）と笑顔で声を掛けられと、本当に気持ちのよいものです。笑顔で You, too!（あなたも！）と返す、というやりとりを数日繰り返すとお互い顔を覚えて、気軽に世間話ができるようになります。

man in the street

「普通の人、一般人」

🔊 189

Even if you assert that he's innocent, that's not what the man in the street thinks.

（あなたが彼は無実だと主張しても、一般の人はそうは考えません）

 man in the street とは文字通りには道端にいる人ですが、**「普通の人、一般の人」**という意味で使われます。別の英語では、ordinary people （一般の人）とも言います。

🔑 連想ボキャビル

street を含むフレーズをご紹介します。

be streets ahead　はるかに勝っている
ABC's technology is streets ahead of D Corp.'s.
（ABC 社の技術は D 社の技術よりはるかに勝っている）

on the street　失業して
There were many people on the street at the time of the Great Depression.
（世界大恐慌の時には大量の失業者がいた）

dancing in the street　踊り浮かれて
Fans were dancing in the street when the team won the world championship.
（ファンたちは、ひいきのチームが優勝した時、踊り浮かれていた）

take to the streets　抗議のデモを行う
People took to the streets to protest against the government decision.
（政府の決定に抗議して人々はデモを行った）

190

with all due respect/
with respect

「お言葉ですが」

🔊 190

With all due respect, I don't think this alternative plan will work.
（お言葉ですが、この代替案はうまくいかないと思います）

 相手に言いにくいことを切り出すときに使う表現です。これはアメリカの現地法人の法律部門の社員の口から実際に出た言葉でした。

　最初に聞いた時、私は何を言っているのかわかりませんでしたが、この後に反論が続いたので、反論の前置きだと理解できました。非常に上品な表現で、日本語では「**お言葉ですが、謹んで申し上げますが、恐れながら申し上げますと**」が近いでしょう。

　反論した後、相手と時間をかけて丁寧に議論を尽くしても合意に至らず、次の議題に入れないということも、ビジネスではよくあります。そんな時、どんなフレーズで議論を前進させたらよいでしょうか？

　私は、2つの方法があると思います。一つは次回に持ち越して次の話題に持っていく方法です。

It seems **we're getting nowhere** with this discussion. Can we discuss it another time and move on to the next subject?
（この議論は結論に至らないようです。別の機会に議論することにして、次の議題に入ってよろしいでしょうか？）

　もう一つは無理に合意形成するのではなく、合意できないことについてお互い理解するということ（agree to disagree と言います）。これは国家間の外交交渉でもよく出てくる表現です。

It seems we'll have to **agree to disagree** on this subject. Can we move on to the next one?（この件に関しては双方合意できないことで合意とせざるを得ないですね。次に行ってよろしいでしょうか？）

191

(With) That being said, / Having said that,

「とは言ったものの、そうは言っても」

🔊 191

You can learn many things on the job. **That being said, I think you should finish school.**

（仕事をしながら多くのことが学べます。とは言うものの、学校は卒業すべきだと思います）

 That being said, は、前に With を付ける場合もあります。あることを説明した後で、それと**対照的な意見を述べる時**や、「**とは言ったものの**」、**と単に話をつなぐ時**に使う言い回しです。Having said that, も同じ意味です。別の英語だと、Although I said so,（そうは申しましたが）などと言えます。

🔑 連想ボキャビル

said の入ったフレーズをご紹介します。

・**said case**　当該事件

・**said person**　本人

・**said contract, said proposal**　前述の契約書、前述の提案書

　上の３つは、いずれも契約書の中でよく出てくる文言です。

・**said differently**　言い換えれば

水をテストする、とは？

– Why are Japanese people always testing the water? –

　昔、現地法人のアメリカ人の同僚から、困った事態になったと相談を持ち掛けられました。ある提案書をお客さまに出す直前になって、東京本社が待ったをかけてきている。これを出したらお客からどんな反応があるかを教えてくれ、と言われているのだが、出してみないとそんなことはわからない。こういうことを聞かれるのは初めてではないが、Why are Japanese people always testing the water? とのこと。

　これは、文字通りに訳すと、「日本人はなぜいつも水のテストをしているのか？」ということですが、test the water とは、「正式に発表する前に様子を伺う」という意味になります。別の日本語では「顔色を伺う」、ここ数年の流行りの言葉なら「忖度する」とも訳せると思います。

　test the water を英英辞書で引くと、このように出てきます。

　try to discover what people think about an idea before you do anything about it, or to try to discover what a situation is really like before you become very involved in it.（何かの考えを実行する前に、他の人間がその考えについてどう思うかを知ろうとする、あるいは、実際に自分が本格的に関与する前に、実際の状況がどうかを見極めようとする）。

　日本人は、よく言えば非常に慎重と言えますが、外国の方、特にアメリカ人の目には、慎重すぎて決断力に欠けると映るようです。アメリカ人の同僚からは、日本人はいつもこの testing the water をやっていると言われました。

　この時は、相談を持ち掛けてきたアメリカ人の同僚の依頼を受けて、1）東京本社の関係者へ、これ以上の情報を取るには時間がかか

ること、2）今、提案書をお客さまに提出しないとビジネスチャンス
を逃すこと、3）とは言え、提出後、客先と条件を交渉することは可
能と伝え、なんとか了解してもらいました。おかげで提案書は予定
通りに提出できて、商談を前に進めることができました。

　むろん、場合によってはもう少し時間をかけて、この提案書がど
うお客さまに受け取られそうか、現地で調べて欲しいと現地のアメ
リカ人スタッフへ依頼することもあります。しかし、判断に必要な
情報が100パーセント集まることはありません。ビジネス上の諸事
は、ある段階で見切って決断しなければならないのです。

第 **5** 章

ネイティブに一目置かれる表現

最後に、中上級者向けの名詞と形容詞について学びましょう。初中級までは、自分が知っている基本的な単語を使って、無理やりにでも相手に意思を通じさせることが重要ですが、中上級の皆さんは、適切な単語を使って、ビジネス相手からのリスペクトも得たいもの。ネイティブにも、よく勉強しているな、と思わせるような、ビジネス会話で頻出の名詞、形容詞を学びましょう。

192

revisit

「再検討する」

🔊 192

A: I think we have major issues with the business plan we made last year and we should revisit it.
（昨年作ったビジネスプランに深刻な問題があるので、再検討の必要があると思います）

B: Yes, I'm aware of the problems. Can we discuss it today?
（はい、その問題は認識しています。今日、お話しできますか?）

NOTE これもビジネス会話によく出てくる表現です。直訳すると「再訪問する」「立ち戻る」ということで、もちろんそういう意味で使われる場合もありますが、ビジネスでは、**「再検討する、見直す、改めて〜を議論する」**という意味でよく使われます。rethink、reconsider と同じような意味ですね。

これは私がアメリカへ出張に行き始めたころに覚えた言葉です。アメリカ人は決断は早いですが、うまくいかなかった時の方針変更も早く、この revisit をよくやります。

例外はマイクロソフトのビル・ゲイツです。著書の中で彼は、一度会議で決めたことを revisit しないことにしていると書いていました。その理由は、再検討にかかる時間とリソースが無駄と考えるから、とその本にはありました。今でもマイクロソフトがその方針かどうかはわかりませんが、これは一理あると私も思います。

ビジネスにおいて早い決断は重要ですが、持続性も重要で、少し上手くいかなくなったからといって revisit ばかりしていては、物事はうまくいかないでしょう。

193

reiterate

「（相手にわかるよう）もう一度言う」

🔊 193

Let me reiterate: I want to hear your honest opinion about my performance.

（繰り返しますが、私の業績について率直なご意見をお聞かせください）

 reiterate という英語は、日本人はあまり使いませんが、アメリカ人は
ビジネスのやりとりで頻繁に使います。英語の repeat（繰り返す、もう一度言う）とほぼ同じ意味ですが、実は微妙な違いがあります。

repeat より reiterate の方がよりフォーマルです。そして、**repeat は事象や人の発言、どちらについても使えます**が、**reiterate は人の発言を繰り返す時のみ**に使います。

また repeat は、**そのまま発言を繰り返す**時に使いますが、reiterate は聞く相手に**しっかり理解してもらうために、必要に応じて表現の仕方を少し変えて言い直す**時に使います。『ロングマン英英辞典』では to repeat a statement or opinion in order to make your meaning as clear as possible（発言や意見を繰り返して、意図をはっきりさせる）とあります。短く言い換えると、repeat an important point とでも言えそうです。

194

articulate

「はっきりと自分の意見を言う」

🔊 194

A: How was Dr. Lewis's speech?

(ルイス博士のスピーチはどうでしたか?)

B: It was excellent. She articulated her belief that we should help developing countries to eradicate malnutrition.

(素晴らしかったですよ。発展途上国での栄養失調の撲滅に手を貸すべきという、ご自身の信念を明確に述べていました)

NOTE

articulate という単語は、アメリカのニュースでよく聞きます。辞書を引くと「はっきりと発音／表明する」、あるいは形容詞で、「(意味や内容が)明瞭な」といった意味が出てきます。ビジネスでよく使われる意味は、**「はっきりと自分の意見を言う」**だと思います。

人種や言語が均質的な日本では、言いづらいことはあまり言葉にせずに、相手が何を考えているかをどれだけ正しく推測できるかが重要で、空気を読むことも重んじられます。一方で、移民国家のアメリカでは、自分の意見をきちんと、かつ明確に相手に伝えることができる能力は非常に重要で、かつそれが評価されます。その点において、articulate という単語は、非常にアメリカ的な言葉であると思います。

🔧 連想ボキャビル

「明瞭な、極めて明瞭な」を意味する単語に、**crystal-clear** があります。crystal は「水晶」のことです。「水晶のように透明な」という意味を持つ場合と(例えば、crystal-clear river のように)、物事が「明らかだ、明々白々だ」、という場合の2通りの意味があります。

He gave a crystal-clear explanation of the new product.

(彼は新製品について非常に明確に説明した)

195

recap
「要約する」

🔊 195

I gave him a quick recap on the cyberattack we're facing.
（われわれが今直面しているサイバーアタックについて、彼に要点を説明した）

 これは動詞 recapitulate の略形で、ビジネスでは**「要約する」**という
意味で使われます。例えば、news recap と言うと、「ニュースの要約」
という意味です。

アメリカ人との会議の終わりには、必ず **Let's recap what we've discussed today.**（今日話し合ったことを要約しましょう）という言葉が聞かれます。要約を意味する言葉は多いですが、recap が一番、一般的です。要約は outline とも言いますが、**recap は口頭での要点のまとめで、outline は文章によるまとめ**、という違いがあります。

🔧 連想ボキャビル

「要約する」を意味する、**summarize, outline, digest, encapsulate, wrap-up** を一つずつ見ていきましょう。

summarize: これは recap と同じ意味ですが、**書面、口頭、両方の要約**を意味します。

outline: 前述のとおり、**文章で要点をまとめる**時に使います。

digest: 元々の意味は「消化する」ですが、**文章を短くまとめる**という意味です。

encapsulate: 元々の意味は「カプセルに包む」ですが、これも**文章を短くまとめる**という意味です。

wrap-up: 元々の意味は「包む」と言う意味です。会議の agenda の最後にこのフレーズを使うことが多く、**「まとめ」**という意味です。

sum up: 上記の summarize から派生した言葉で、同じく**要約する**という意味です。

hectic

「非常に忙しい、目まぐるしい」

🔊 196

It was such a hectic day yesterday that I wasn't able to call you.
（昨日は猛烈に忙しくて、あなたに電話ができませんでした）

本当に**忙しい**時、**てんてこ舞い**の時、busy の代わりにこの英語を使います。ただし、**busy とは違い、人は主語にはなりません。**

主語が人間で、非常に忙しいことを表現する別のフレーズとして **be swamped with ...** もあります。例えばこのように使います。
I'm swamped with paperwork. （私は書類仕事に忙殺されている）

🔑 連想ボキャビル

ビジネス会話でよく出てくる類語に、**hassle** があります。hassle とは、アメリカ英語の俗語で、**「面倒なこと、イライラさせられること」**、または動詞として **「~にうるさく言う」** という意味です。hassle-free、no hassle といえば、**「わずらわしいことは全くない、簡単な」**、という意味になります。

かつて製品の取り扱いについてのプレゼンで、最後に、**No hassle.** と締めくくったアメリカ人販売員がいました。これは、**「面倒なことはありませんよ、簡単に使えます」** という意味です。

なお、似ている単語に **hustle** もあります。こちらは、**「張り切る、急がせる、せき立てて~させる」** という意味です。名詞としては「大急ぎ、押し合い」で、**hustle-bustle** は、「都会の喧騒、活気」という意味です。

197

full-blown

「本格的な、完璧な」

🔊 197

The full-blown summer has come.
（本格的な夏がきた）

 full-blown は、元は「満開の」という意味ですが、ビジネスの文脈では**「本格的な」、「成熟した」**という意味で使われます。以下に full-blown の意味に近い英語をご紹介します。

authentic（本物の）
I bought a piece of **authentic** Wedgwood china at the thrift shop.（私は本物のウェッジウッドの陶磁器をリサイクルショップで買った）

hard-core（徹底した、筋金入りの）
We need a **hard-core** investigation into what went wrong with this shipment.（この発送について、何が問題だったのか、徹底的な調査が必要だ）

🔖 連想ボキャビル

full で始まる形容詞をご紹介します。

- **full-size** replica of the Rosetta Stone（本物のロゼッタストーンと同寸のレプリカ）
- **full-blooded** Akita（純血種の秋田犬）
- **full-dress** uniform（大礼服、軍人の正装）
- **full-grown** French bulldog（フレンチブルドッグの成犬）
- **full-fledged** engineer（ひとかどの技術者 ※元は「鳥の羽がはえそろった」という意味）
- **full-scale** attack（全面的な攻撃）
- **full-bodied** red wine（フルボディーの［豊かな風味の］赤ワイン）

198

awesome

「素晴らしい」

🔊 198

A: How about this alternative idea?
（この代案はどうだろう?）

B: Awesome!
（素晴らしい!）

> **NOTE**
> これは very good の代わりに使います。awe は元来、「畏れ（させる）、畏怖（の念を持たせる）」という意味の単語です。単語の後半の -some は、「…の傾向がある」「…を生じる」「…しやすい」などの意味の形容詞をつくります。例えば、troublesome（やっかいな）、tiresome（飽き飽きする）なども、この使い方です。
>
> 1980年初頭、アメリカの若者たちは awesome を元々の意味の「畏敬の念を起こさせる」ではなく、**「素晴らしい、すごい」**の意味で使うようになりました。それが定着し、今では日常会話やエンタメ業界、ビジネスでも普通に使われています。
>
> ただ、この言葉は、**言葉遣いに厳格な相手には、眉をひそめられる可能性がある**ので場をわきまえましょう（例えば、「やばい」という言葉を使える相手かどうか、といった配慮です）。また、論文やスピーチの中では使いません。

🔑 連想ボキャビル

流行語が日常語として定着したものの中に、**cool、amazing** があります。**cool** は元々は「冷たい」という意味でしたが、今ではご存知のとおり**「最高」、「かっこいい」**という意味で使われています。日本語でも「クールな」と言いますね。
Wow, that car is really cool.（わぁ、あの車は本当に最高だね）

　amazing は元は、人を驚かせるという意味の他動詞 amaze に -ing がついて形容詞になった言葉でしたが、**「素晴らしい」、「感動するほどすごい」**という意味で使われています。
Your cello performance was amazing.（あなたのチェロの演奏は素晴らしかったです）

199

rock solid
「石のように固い、確固たる」

🔊 199

His determination to go with organic farming was rock solid; nobody could change his mind.
（無農薬栽培をやる彼の決意は非常に固く、誰も彼の気持ちを変えることはできなかった）

文字通り、これは**「石のように固い、盤石の、手堅い、確固たる」**という意味です。アメリカ人ビジネスパーソンがよく使う表現で、誰が聞いてもすぐに意味がイメージしやすい言葉です。形容詞の場合は rock-solid とハイフンが入り、例えば、**rock-solid confidence**（確固たる自信）、**rock-solid support**（しっかりしたサポート）のように使います。

👆 これも覚えよう

rock には、さまざまな意味があります。以下は全て動詞の用法です。

〜を揺り動かす
The major corruption scandal rocked the nation.
（大きな汚職事件が国家を揺るがした）

（人）〜にショックを与える、動転させる
We will rock you.
（世界をあっと言わせてやる）

以下はスラング用法です。固い内容には不向きです。
最高である、すごい
Did you see David Lynch's new movie? It rocks!
（デビッド・リンチ［監督］の新しい映画見た？　最高だよね！）

服が似合う
He rocks those leather pants.
（彼はそのレザーパンツが似合っている）

200

straightforward

「簡単な、率直な」

🔊 200

1. No need to worry. The installation process of our product is straightforward.

（心配ご無用。私共の製品の設置方法は簡単です）

2. He is very straightforward, and that's why I trust him.

（彼はとても率直なので、だから私は彼を信じているのです）

straightforward は、人以外の主語で使う時は**「簡単な」**、人に対して使う時は**「率直な」**という意味の英語です。

　後者について、日本語でもストレートな性格と言ったりしますが、なぜ straight だけではダメなのでしょうか？　その理由は straight だけを形容詞として使うと、俗語の「麻薬をやらない人」「同性愛者ではない人」という意味にもとられてしまうからです。

　また、人に対して「率直な」という意味で使われる時は、決してネガティブなニュアンスはありません。

201

proactive
「積極的な、先を見越した」

🔊 201

From now on, let's be more proactive in communicating with each other.
（今後はもっとお互い積極的にコミュニケーションをとりましょう）

 これもビジネスの会話で頻繁に使われる英語です。**「先を見越した、積極的な」**という意味の形容詞で、物事が起きてからあわてて行動するのではなく、何が起きるかを見越して準備している姿勢を言います。

　反意語は reactive で、「何か事が起きた後にあわてて対応する状態」です。ビジネスの世界では当然、reactive ではなく proactive に行動することが求められます。

👆 これも覚えよう

日本語の「積極的」はよく aggressive と訳されますが、**aggressive は少し否定的な、押しつけがましいニュアンス**があります。proactive はより肯定的で、日本語の「積極的」に近いといえます。

　ビジネスでは常に proactive であることが重要です。競合他社がアクションを起こす前に動き、先手を取れば、ビジネスを優位に進められるからです。proactive（先を見越して行動を取る）は、ビジネスを成功させるためには常に必要な心構えだと思います。

　同じことを意味することわざを一つご紹介しましょう。
Prepare for the worst and hope for the best.（最悪の事態に備え、最良を望みなさい）

202

cutting-edge

「最先端の」

🔊 202

This phone app is a cutting-edge earthquake detector.

（この携帯電話のアプリは、最先端の地震検知器だ）

 例えば **cutting-edge technology** と言えば、**「最先端の技術」**という意味です。innovative、state-of-the-art、leading edge なども近い表現です。cutting-edge は技術について使われることがほとんどですが、こういうふうにファッションやアートについて使われることもあります。

The design of the jacket is cutting-edge but also very simple.

（そのジャケットのデザインは最先端でありつつ、とてもシンプルだ）

👆 これも覚えよう

ビジネスに頻繁に出てくるフレーズで、似たようなものに、**top-notch (topnotch)** があります。これは**「第一級の」「最高の」**という意味です。notch は木の棒に刻んだV字の切れ込みを意味し、一番上に記録された切れ込みが勝利者を意味したことからこの意味になったとの説があります。

🔗 連想ボキャビル

「最先端の」の反語は、**「時代遅れの」**などでしょうか。これは英語では、**outdated、old-fashioned、old school** などと言います。注意したいのは、この最後の old school。文脈によっては、**「古典的な、古風な」**という、**むしろ良い意味で時間が経ったことを表わす場合もあります**。文脈をよく理解して、どちらの意味か判断しましょう。例えばこのように使います。

- **That old-school shoemaker still sews every shoe by hand.**
  （あの本格的な靴屋は、いまだに全ての靴を手で縫っている）
- **"Men work and women keep house" is such an old-school way of thinking.**
  （「男性は働き女性は家事を切り盛りする」というのは、古臭い考え方だ）

203

low-profile, high-profile

「目立たない、控えめな」「目立つ、注目を集めている」

🔊 203

1. A: I hope I can make a good impression with everyone.
（皆さんに良い印象を与えられればいいのですが）

B: I think you should keep a low profile for a while since you're still new here.
（あなたはここではまだ新人なので、しばらくは控えめにしているべきでしょう）

2. A: Do you think everybody knows him?
（皆、彼のことを知っていると思いますか？）

B: Of course. He's high-profile in this office.
（もちろんです。彼はこのオフィスでは注目の人物ですよ）

 low-profile、high-profile はいずれもビジネスでよく使われるフレーズで、それぞれ「**目立たない、控えめな**」「**目立つ、注目を集めている**」です。1.の **keep a low profile（控えめにしている）** の意味の時は、ハイフンなしです。

🖉 連想ボキャビル

low と high を使った表現をいくつか学びましょう。**high-level** とはどういう意味でしょう？ 「ハイレベルな単語」と言えば、難易度の高い単語のことで間違っていません。ただ、ビジネス英語で high-level と言うと、「**高い所から俯瞰した、大まかな**」という意味になることが多いのです。roughly とも言い換えられます。
In Chapter 1, we give you a high-level overview of the research done so far.（第1章では、これまでの研究についての概要をご説明します）

また、**low-hanging fruit** とは何でしょうか？ 低く垂れ下がる果物は、手を伸ばせばすぐもぎ取れるので、「**結果がすぐ出る課題、容易な目標**」を意味します。
A: Which business do you want to discuss first?（どのビジネスから話しましょうか？）
B: How about starting with the low-hanging fruit?（簡単なものから始めませんか？）

204

in-house
「社内で」

🔊 204

A: **Did your company design this website on its own?** (貴社はこのウェブサイトを独自にデザインされたのですか?)

B: **Yes, it was designed in-house, but now we outsource any new developments to professional designers.** (はい、かつては社内でデザインしていましたが、今はいかなる新規の開発もプロのデザイナーに発注しています)

NOTE

in-house は「**社内で、内製で**」という意味で使われます。例えば、社外に発注して生産しているのではなく、自社工場にて製造しているといった場合を指します。in-house training (社内研修) のように形容詞としても用います。

反対に「外注する」と言いたい場合には、**outsource** を使います。

🔧 連想ボキャビル

house を使った言い回しを、例文と共にご紹介します。

a house of cards 危ない計画、組織、砂上の楼閣
I wouldn't invest in that start-up company because I feel it's a house of cards. (その新興企業は危うく感じるので、投資はしないでしょう)

bring the house down 人々を笑わせる
He was a stand-up comedian who always brought the house down. (彼はいつも観客を大笑いさせるスタンダップコメディアンだった)

on the house 店のおごりで
The restaurant owner brought us a bottle of champagne on the house. (レストランのオーナーは、店のおごりでシャンパンを1瓶、持ってきてくれた)

keep house 家事を切り盛りする
Ethan lives with an aunt who keeps house for him. (イーサンは家事を切り盛りしてくれる叔母と一緒に住んでいる)

205

small form factor
「小型の」

🔊 205

The new laptop model's popularity is due to its small form factor and light weight.
（新しいノートパソコンのモデルが人気を集めているのは、小型で軽量だからだ）

 form factor とは、ハードウエアの形状と大きさを決定する要因となるものの総称です。最初は IBM のパソコンについての用語（省スペース PC）でしたが、パソコン以外のハードでも広く聞かれるようになり、現在のビジネス会話では単に「大きさ」という意味になっています。従って small form factor は「**大きさの小さい＝小型の**」という意味です。

　製品のプレゼンのスライドで長所を列挙したものを **bullet point**（箇条書き）といいますが、こんな感じで small form factor は使われます。
- **small form factor（小型）**
- low power consumption（低消費電力）
- high reliability（高い信頼性）
- software upgrade available（ソフトでアップグレードが可能）
- user friendly interface（使いやすいインターフェース）

🔑 連想ボキャビル

IT 用語で覚えておきたいものに **de facto（事実上）**、そして **de facto standard（事実上の標準）** があります。これらはビジネスでも一般会話でも使われます。

A: Do you know which organization decides the standards for this product?（この製品の標準を決めるのは、どの団体かご存知ですか？）
B: There isn't one. Company A's spec is already the de facto standard.（そのような団体はありません。A 社の仕様が既に事実上の標準になっています）

206

wake-up call

「警告」

🔊 206

The decreasing number of icebergs is yet another wake-up call to all people on the earth.

（氷山の数の減少は、地球上の皆にとってのさらなる警告だ）

 NOTE wake-up call は、日本語の**「モーニングコール」**です（ちなみに、モーニングコールは和製英語です）。もう一つの重要な意味は**「警告」**です。

🔧 連想ボキャビル

同じ call を使った表現で、ビジネスでよく出てくるものに **good call** があります。これは**「良い判断」**という意味です。元々、この言葉はスポーツから来ています。レフリーの判断に対して good call といえば「良い判断」、bad call といえば「悪い判断」を指しますが、それがビジネスでも使われるようになりました。good call は「合意」を伝える場合にも使います。

A: Why don't we have a sales promotion of this product next month?
（来月、この製品の販売キャンペーンを始めてはどうだろう）
B: Good call. How about giving away a free gift to the first 100 people who place an order?（賛成です。購入を申し込んだ先着100名に景品を出すのはどうでしょうか？）

👆 これも覚えよう

call には他に様々な表現がありますが、ビジネスでよく使われるものをご紹介します。

call it a day その日の業務を終了する
Let's call it a day.（今日はこれで業務終了とします）

call in sick 病欠の電話を入れる
He called in sick this morning.（彼は今朝、病欠の電話をしてきた）

207

blessing

「賛成、幸運」

🔊 207

After some consideration, she gave her blessing to our proposal.
（彼女はしばらく考えた結果、われわれの提案に賛成した）

 blessing は、元々は「神の恵み」という意味ですが、ビジネスでは別の意味があります。まず最初に、例文の**「賛成、承認」**という意味。2番目に**「良いこと、幸いなこと」**という意味もあります。例えば、After all, not knowing it was a **blessing** for us.（結果的にそれを知らなかったことは、私たちにとって幸いであった）などのように使います。

　また、**a blessing in disguise** は**「不幸中の幸い」**という意味です。例えばこのように使います。

Missing the train that morning was **a blessing in disguise** for me since I might have been killed in the train accident.
（その朝の電車に乗り遅れたのは私にとって不幸中の幸いだった。そうでなかったら列車事故で命を落とすところだったからだ）

🔑 連想ボキャビル

lucky break とは、**「突然訪れる幸運」**を意味します。get a lucky break（幸運をつかむ）、have a lucky break（幸運に恵まれる）という形で使います。

She got her lucky break when she appeared on TV and became popular overnight.
（彼女は幸運にもテレビに出たことで、一夜にして人気を得た）

mentor

「信頼のおける指導者、先輩、助言者、相談相手」

🔊 208

A: Do you have somebody you respect or want to be like?

（尊敬していたり、その人のようになりたいと思う人はいますか?）

B: Yes. Mr. Lloyd. He's my mentor, and I'd like to be like him.

（はい、ロイドさんです。彼は私の指導者で、彼のようになりたいです）

mentor とは、大学や職場などで、若年者や経験の少ない者に知識を伝え、広める役割を持つ人物を指します。「**指導者、先輩、助言者、相談相手**」などと訳されることが多いようです。

Mentor（メントール）は、『オデュッセイア』（ホメーロスの叙事詩）の登場人物で、老年期にはオデュッセウスの友となり、彼がトロイア戦争に従軍した際に息子のテーレマコスの指導を任されたことから、この意味が生まれたようです。

類義語に **role model** があります。これは、「**手本（模範）となる人物**」を指します。mentor とは違い、こちらは、一度も会ったことがない、スターのような人の場合もあります。

🔧 連想ボキャビル

アメリカの現地スタッフと電話会議をしているとき、相手から、**Are you bringing the big guns from Tokyo?** と言われました。**big gun** って何？と面食らいましたが、これは、「東京から幹部を連れてきますか？」という意味だとのこと。元の意味は「大きな銃」ですが、ビジネス会話では「**有力者、大物、非常に重要な [影響力の強い] もの、切り札**」という意味で使われることが多いようです。他の意味の例としては、**It's time to pull out the big gun(s).** と言えば、「もっと強力な方法を使うべきときです／こうなったら奥の手だ」ということです。

209

hiccup

「ちょっとした問題、不都合」

🔊 209

There were a couple of hiccups, but we eventually finished the project successfully.

（いくつかの些細な問題はあったが、結局、プロジェクトを成功裏に終了させることができた）

 hiccup のも元々の意味は「しゃっくり」ですが、ビジネスでは、主にプロジェクトやサービスのスタート直後に発生するような**「ちょっとした問題や不都合」**のことを言います。英語で説明すると、a temporary or minor problem or setback（一時的、あるいは些細な問題、進行の妨げ）ということです。

　さらに補足しますと、深刻な問題では hiccup は使いません。例文でご説明しましょう。

I don't think this is a **serious issue**. **It's just a hiccup** we can resolve quickly before launching the service. （これは深刻な争点だとは思いません。ちょっとした問題であり、サービス開始前にすぐに解決できます）

breeze

「容易なこと、朝飯前」

🔊 210

I think making 300 boxes of nuts and bolts in a week would be a breeze for your company.

（300箱のボルトとナットを1週間で製造するのは、貴社にとっては朝飯前でしょう）

breeze の直訳は「そよ風」ですが、口語では**「簡単なこと」**、**「朝飯前」**という意味で使われます。ビジネスでもよく聞かれます。同じ意味を持つ英語表現は、以下のようにたくさんあります。

- **a piece of cake** 「わけないこと、楽な仕事」
- **a no-brainer** 口語で「たやすくできること、楽勝」
- **no sweat** 口語で「たやすい、朝飯前の」
- **a walk in the park** 文字通りは公園の散歩ですが「誰でもできる簡単なこと」

🔑 連想ボキャビル

ちなみに、**It's a no-brainer.** は40代、50代のアメリカ人がよく使う表現です。少し昔流行ったもので、若い人は使いません。ただ、覚えておいて損はないでしょう。

言葉は生き物で、英語にも流行り廃りがあります。例えば **from now on（今後は）**は、ビジネスでは今は使われず、**going forward** をよく聞きます。going forward は以下のように文の前でも、後ろでも使われます。

- **Going forward, our strategy is to focus on profit instead of increasing sales.**
（今後は、われわれの戦略は売上を延ばすことではなく、利益に注力することだ）

- **Some executives called the investors to chat about their plan going forward.**
（重役たちの何人かは、今後の計画について話をするために投資家たちに電話をした）

211

résumé

「履歴書」

🔊 211

He just submitted his résumé to the company.

（彼は会社へ履歴書を提出した）

　履歴書を **résumé** と言ったり、**C.V.** と言ったりしますが、どう違うの
でしょうか？　**アメリカやカナダでは résumé を使い、イギリス、
ニュージーランド、ヨーロッパ各国他では C.V.** を使うようです。なお C.V. は
Curriculum Vitae というラテン語の略語で、「人生の物語」という元の意味
があります。

　ところで、日本でも既に一部の会社で不定期採用は始まっていますが、ま
だ春に一括採用するところが主流です。アメリカでは必要な時に必要な人材
を雇用するのが一般的です。

　私も新規雇用のアメリカ人社員の面接をしたことがありますが、面接の前
にまず résumé で対象を絞り込みます。日本の履歴書のように写真は貼付さ
れておらず、性別、年齢なども一切明記されていません。大学卒業年から年齢、
名前から性別、そして family name から出自を推定するしかありませんが、
アメリカではこれらを採用、不採用の理由にはできません。

　résumé による審査の後は電話による面接です。電話で選別した人には航
空券を送って面接場所に来てもらいます。

　一度、営業職への応募なのに、出張が一切できないという珍しい志願者が
いました。その方の住んでいる町まで出向き面接したのですが、心臓ペース
メーカーを入れていることがわかりました。しかし、アメリカではこのよう
な身体的なハンデを理由に候補から外すことはありません。あくまでも本人
の実績、能力から選定するのです。

212

elevator pitch

「（上司や投資家への）短時間の適切な説明」

🔊 212

She made an elevator pitch of the proposal to Mr. Scott, and he quickly understood.

（彼女はスコット氏に提案について短く的確な説明をして、彼はすぐに理解した）

 elevator pitch とは、**「わずかな時間で行う、自分自身や自社のビジネスについての説明」**を指します。このフレーズは元々アメリカのシリコンバレーで生まれたものと言われ、エレベーターに乗り合わせた投資家に対して、短時間で自らのアイデアを売り込む行為を意味しました。今ではビジネスの世界だけでなく、全世界、どこでも使われています。

　エレベーターピッチの目的は、聞き手に、また会いたい、もっと話が聞きたい、という気持ちになってもらうことです。場所も**エレベータ内限定というわけではなく**、短時間で自社や自分を売り込む行為を指します。

🔑 連想ボキャビル

elevator を使った言い回しをいくつかご紹介します。
エレベーターに乗る：get on / grab / take / step into an(the) elevator
- **He grabbed the south wing elevator and his old friend was in there.**
  （彼は南ウイングのエレベーターに乗り、そこで古い友人に出くわした）
- **I took the elevator to the 5th floor.**（私はエレベーターで5階に行った）

エレベーターを降りる：get off / step from / step out of an(the) elevator
- **Please get off the elevator on the 12th floor and turn left. The conference room is down the hall.**
  （エレベーターを12階で降りて、左に進んでください。会議室は廊下の突き当りです）

ほかにこのような例もあります。
- **Thank you for holding the elevator for me.**
  （エレベーターの扉を開けておいてくれてありがとう）
- **I take the stairs instead of the elevator because I need the exercise.**
  （運動が必要なので、私はエレベーターの代わりに階段を使う）

213

last resort

「最後の手段」

🔊 213

A: What options are available?
(どんな選択肢がありますか?)

B: We don't have any options now. We've got to go with our last resort.
(もう選択肢はありません。最後の手段でいくしかないです)

> NOTE
>
> last resort は、「最後のリゾート地」という意味ではありません。ビジネス会話では**「最後の手段、最終手段、頼みの綱」**という意味です。できれば使いたくないが**仕方なく出す奥の手**、という場面で使われるものです。

別の英語では **last hope** (最後の望み) とも言えます。例文をどうぞ。

Vaccines for the disease are the **last hope** for a return to normalcy.
(疾病のワクチンが、常態復帰への最後の望みだ)

また、last resort を他の英語で表現すると次のような文章となります。

- **This is the only choice I have.** (これが私の唯一の選択肢だ)
- **I have no choice than/but ...** (私には…以外の選択肢はない)
- **I don't have any other choice than/but ...** (私には…以外の選択肢はない)

🔑 連想ボキャビル

アメリカの映画で、万策尽きた時、おもむろに主人公が「こうなったら **plan B** (代替案)だ」と、誰も知らなかった plan B を発動するシーンによく出くわします。結局、plan B がうまくいき happy ending というのがよくあるストーリーですが、plan B の後に C や D はないので、plan B も last report と同義語かもしれません。

アメリカ人とビジネスをやっていると、アメリカ人は1つの案に固執せず、最初から plan B を準備しているのでは?と思うことがあります。全てのケースがそうだとは言えませんが、片や日本人は一つの案で突き進み、それがうまくいかなくなってからあわてて代案を考える傾向があるように思えます。

214

loose cannon

「何をしでかすかわからない人」

🔊 214

Ashley is a loose cannon. No one ever knows what he's going to do when he gets angry.

（アシュレーは何をしでかすかわからない。彼が怒った時にどう行動するか、誰も予測がつかない）

 NOTE loose cannon は、軍艦の甲板上に固定されておらず、装弾されたままあちこち動き回って、乗組員や備品に危険や損害を及ぼす、コントロール不可能な大砲のことです。この意味は**「何をしでかすかわからない人」**ということです。特に、**無意識のうちに誰かを傷つけたり、怒らせたりしがちな人**に対して使います。この言葉は昔、キューバ出身のアメリカ人の現地法人社員から教えてもらいました。アメリカのいろいろなスラングに興味を持って、収集している人でした。現代のアメリカで言えば、このフレーズに一番当てはまるのはトランプ大統領かもしれませんね。

👆 これも覚えよう

行動が予測できない、といった理由で、他の人とはちょっと違う人、という言い方をいくつかご紹介します。

・**He's a character.**（彼は個性的だ　※これは良い意味です）

・**He's different.**（彼は他の人とは違う）

・**You never know what he's going to do.**（彼は何をしでかすかわからない）

・**His behavior is totally unpredictable.**（彼の行動は全く予想できない）

・**He's always surprising everybody.**（彼は皆を常に驚かせている）

カナダが危機に瀕した1994年

アメリカの独立記念日は7月4日というのは有名ですね。では、カナダの建国記念日はいつかご存知でしょうか?

それは、アメリカの独立記念日の3日前の7月1日です。ただし、カナダの建国はアメリカ独立の91年も後のことです。カナダは、平成29年7月1日に150年目の建国記念日を迎えました。

カナダが建国した1867年、日本では大政奉還が行われました。明治維新は翌年ですが、実質、明治政府がこの年に成立したと考えると、カナダの建国と近代日本の成立は同じ年になります。これも意外と知られていません。

カナダへの殖民は、フランス人がヨーロッパにはいないビーバーの毛皮を求めてセントローレンス川を上り、1535年にフランス人のカルティエが今のケベックシティとモントリオールに到着し、フランス領土と宣言したことに始まります。そして、アメリカ独立後、イギリス側についた王党派と呼ばれるイギリス人がカナダに移住し、フランス人とイギリス人の混ざった今のカナダができました。

ところで、なぜアメリカは「独立記念日」で、カナダは「建国記念日」なのでしょうか? それは、アメリカがイギリスと戦争をして独立を勝ち取った一方、カナダは英連邦の国として成立したからです。今でも、カナダの紙幣にはエリザベス女王の顔が刷られています。

実はカナダには、いまだにカナダから独立しようと考えている大勢のフランス人がいます。1994年にはケベックの独立を問う国民投票が実施され、反対51％、賛成49％であわや国が二分する危機がありました。私はその年、トロントにいたのですが、間一髪でカナダという国が残った瞬間に立ち会いました。

fat chance

「ありえない、見込みゼロ」

🔊 215

A: They might let us in without tickets.
（チケットがなくても入れてくれるかもしれません）

B: Fat chance.
（それはありえない）

NOTE fat chance とは、文字通りは太ったチャンスということです。良い意味のように感じるかもしれませんが、これは反語用法で、意味するところは「**ありえない、見込みゼロ**」です。つまり **slim chance と言っても fat chance と同じ意味**なのです。

　別の言い方では、**That is impossible.**（それはありえない）、**No way.**（これはありえない）とも言い換えられます。

🔑 連想ボキャビル

可能性を表す英語はたくさんありますが、その違いをここで整理します。

most likely（可能性が90 % 以上）
　∨
probably（80 % 以上）
　∨
likely（50 % 以下）
　∨
maybe, perhaps（30〜40 %）
　∨
possibly（10 % 程度）
　∨
fat chance, slim chance, impossible, no way（0〜5 %）

216

ballpark figure

「概算、概算価格」

🔊 216

A: I'm putting together the company's budget for next year. We don't need a firm quotation yet, but could you give me a ballpark figure?

（来年の会社の予算を立てています。正確な見積りはまだ必要ないのですが、概算を教えていただけませんか?）

B: Sure. A ballpark figure would be $100,000.

（いいですよ。概算は10万USドルになります）

> NOTE
>
> これは、元はアメリカのスラングですが、今ではアメリカでのビジネス会話では「**概算、概算価格（見積もり）**」という意味で日常的に使われています。野球場（ballpark）の中であれば、ボールがどこに飛んでもそんなに変わらない、**数字は想定内**、という所から来た表現だそうです。
>
> ビジネスで価格は一番重要なポイントですので、概算価格であっても最初に話をすることは避けねばなりません。交渉で重要なポイントは先にこちらから提案しないことです。相手が客先でもパートナーでも、相手は何を重視しているかまだわからない段階で、先に提案書を出すのは賢明とはいえません。冒頭にご紹介した例文は、英語としては正しいのですが、ビジネスを成功させるには、Bの対応は以下の方がお薦めです。

B: Sorry, I can't at this stage. First I'll need to discuss how much you spent this year and what your company's strategy is for the new year and your requirements from us.（すみませんが現段階では出せません。まずは貴社の今年の支出額と来年度の戦略、弊社への要望をお話ししましょう）

相手の予算や戦略をまずは聞き出し、相手が何を重視しているかをよく理解した上で提案することで、お互い満足のいくビジネスができますし、不必要に安い値段で商談を進めてしまう事態も避けられます。

217

whole nine yards

「全て、何もかも」

🔊 217

A: Do I have to turn in the entire report by tomorrow?

（この報告書全てを明日までに提出しなければなりませんか?）

B: Yes, the whole nine yards.

（はい、全てです）

> **NOTE**
> 上の例文のように、通常theを付けてthe whole nine yards (**全て、何もかも、一切合切**) という形で使われます。このフレーズの語源は複数あり、英語のフレーズの中で最も由来の仮説が多いものとも言われています。
>
> 1つは「上質のスーツを仕立てるにはたっぷりの布地が必要で、最も良いスーツは9ヤード (約8.2メートル) の布地からできている」から、2つ目は「第二次世界大戦中のマシンガンの装弾ベルトが9ヤードあった」から、3つ目は「コンクリート車の最大容量が9平方ヤード」だから、4つ目は「3本マストの帆船が9ヤードある」から、等々です。
>
> 由来がどうあれ、このフレーズの意味するところは**「全て、何もかも」**です。他の英語で言い換えると、**everything**、または **everything you can think of** (考え得る全てのもの) です。

218

rip-off
「ぼったくり」

🔊 218

We only had a glass of wine each, and the restaurant charged us 30,000 yen for the three of us. What a rip-off!

（私たちはワイン1杯ずつしか飲まなかったのに、レストランからは3人で3万円を請求された。なんてぼったくりだ！）

 動詞 rip は、「～を引き裂く、～を破る」などの意味があり、素早く切ったり、破ったりするイメージです。ここから、rip off という動詞句は「もぎ取る、はく奪する」という意味になり、rip-off という名詞になると、スラングで**「法外に高い価格、ぼったくり」**という意味となります。

ただ、ビジネスで「ぼったくりだ！」と言う場面はあまりないかもしれません。そんな時には「高額すぎる」という意味で、That's too much. あるいは That's an inordinate/outrageous/excessive/exorbitant/unreasonable price などと表現することができます。

🔗 連想ボキャビル

hype という言葉をご存知ですか。これは俗語で、**「誇大広告（する）、刺激的な宣伝（をする）」**という意味です。ビジネス英語でもよく使われます。

アメリカでは昔からテレビ通販が盛んですが、過剰宣伝と思われるものも多く見かけます。一方で消費者はそれに慣れていることもあり、冷静に何が hype（誇大広告）で何がそうでないかを冷静に見極めるようです。

A: They say the liquid can remove stains in 30 seconds.
（その液体は、30秒で汚れを落とせるそうです）
B: I don't believe it; it's hype.
（私は信用しませんね、過大広告ですよ）

219

giveaway

「無償で配布される粗品、景品、サンプル」

🔊 219

You can get a free tote bag as a giveaway for a subscription to the magazine.

（その雑誌を購読すると景品として無料のトートバッグがもらえる）

 give away〜 は「〜を無償で与える」という意味で、名詞形の giveaway となると、「**無償で配布される粗品、景品、サンプル**」のことをいいます。具体的には会社のロゴが入ったペンなどの文具類といったようなものを指します。

🔑 連想ボキャビル

ビジネスをする上で覚えておきたい名詞をご紹介しましょう。

mockup
展示会や商談でよく出てくる単語に **mockup** があります。これは「**実物大の模型**」という意味です。高額な部品から構成される製品は、紛失や盗難リスクを避け、展示会では mockup を使うのが一般的です。精巧な mockup となると、それを作る業者がいるほどです。

We were provided with a mockup made by the manufacturer using spare parts.
（メーカーがスペアの部品を使ってつくった模型を提供された）

loaner
辞書にあまり載っていないビジネス用語に、**loaner** というものがあります。これは「**修理中の自動車の代わりに修理業者あるいはディーラーから貸し出される車**」のことを意味します。また、自動車以外の高額機器についても使われます。購入する前にその製品の性能を事前に評価したいという客先の要求を満たすために貸し出される機器のことを指します。

His yellow Lamborghini was a free-of-charge loaner from a local dealership.
（彼の黄色のランボルギーニは、地元の販売代理店からの無償の代車だった）

220

baby steps

「非常に遅い進展」

🔊 220

Japan is taking baby steps in opening the door to immigration.

（日本は移民受け入れの対応が非常に遅い）

 baby steps とは、文字通りには赤ん坊の歩みですが、ビジネスでは **「非常に遅い進度、非常に遅い対応」**という意味で使われます。上の例文のように動詞 take と共によく用いられます。

🔧 連想ボキャビル

遅い・早い（速い）を表す英語をいくつかご紹介します。

late　一日の中で「時間帯が遅い」
I had a late lunch today.（今日は遅い昼食を取った）

slow　「人や物の動きが遅い、予定より遅れている」
He is slow in reading.（彼は読むのが遅い）

easy　「ゆったりした様子」
I had an easy day at the office.（オフィスでゆっくりした一日を過ごした）

early　時間や時刻が「早い」
The early bird catches the worm.（早起きは三文の徳）

fast　人や乗り物が「速い」
You should get out of here as fast as possible.（ここからなるべく急いで出なさい）

quick　動作完了までのスピードが「速い」
His attack was very quick and I didn't have time to react.（彼の攻撃は非常に速く、私は反応できなかった）

221
row, column
「行」「列」

◀)) 221

Look at the second row and third column in the Excel sheet.
（エクセルシートの2行目の3列目を見てください）

 エクセルシート（Microsoft Excel）をアメリカ人に英語で説明する時、行と列をそれぞれ英語で何と表現しますか？　**横に引かれたものは row（行）、縦に引かれたものは column（列）**と言います。文章の行は line と訳しますから、エクセルでも横にのびる行を line と言いがちですが、正しくは row です。

　row はちなみに、three days in a row（3日続けて）などのように使いますね。背広の語源と言われている（諸説ありますが）、紳士服店が連なるロンドンの Savile Row（サビル通り）も、有名です。column は「柱、円柱（状のもの）」を指します。the sports columns（スポーツ欄、スポーツコラム）は、新聞の縦の段を示します。

🔗 連想ボキャビル

文書作成に関する類語を見ておきましょう。**typo** という言葉をご存知ですか？　発音は「タイポ」です。これは typographical error の略で、**「タイプエラー、打ち間違い」**のことです。**Sorry, it was a typo.**（すみません。それは打ち間違いでした）のように使います。

222

RIP

「ご冥福を祈ります、安らかにお眠りください」

🔊 222

RIP Kobe Bryant.
（コービー・ブライアントのご冥福を祈ります）

 RIP は、語源はラテン語の requiescat in pace で、英語では rest in peace（**安らかにお眠りください**）の略語です。RIP は墓碑に刻まれていることが多く、また最近では、ハリウッドスターなどの有名人が亡くなった時に、ツイッターでこのようなメッセージを投稿することがよくあります。

🔧 連想ボキャビル

お悔みに関する言葉をいくつか見ておきましょう。

My most sincere condolences on the passing of your grandfather.
I extend my deepest sympathies to you and your family.
（謹んでおじいさまの逝去をお悔やみ申し上げます。あなたとご家族にお悔みをお送りします）

I am truly sorry to hear of the loss of your mother. In this sorrowful time, we would like to extend to you our heartfelt condolences.
（謹んでご母堂の逝去をお悔やみ申し上げます。哀しみの中、心よりのご冥福をお祈りします）

Please don't hesitate to reach out, especially during this difficult time. We just want you to know that we are really sorry to hear about your father, he was a wonderful man. May he rest in peace.
（お辛い時期かと思います、いつでも助けを求めてください。お父さまの逝去を聞き、心が悼みます。素晴らしい方でした。ご冥福をお祈りしています）

223

game changer

「大変革をもたらす人（企業）、形勢をひっくりかえす出来事」

🔊 223

A: What do you think about our new marketing strategy?

（私たちの新しいマーケィング戦略についてどう思いますか?）

B: I think it's great and will be a game changer.

（素晴らしいですし、形勢を逆転するものになるでしょう）

NOTE これは元々はスポーツの世界で使われていた言葉で、試合の流れを一気に変えてしまう活躍をする選手を意味していましたが、ビジネスの世界でも日常会話でも使うようになりました。例えば**「人々の生活を大きく変えるもの」**といえば、iPhone は game changer の具体的な例と言えるかもしれませんね。

🔧 連想ボキャビル

game changer とほぼ同じ意味の英語をご紹介します。

breakthrough　突破口、打開策、大発見
His invention was a breakthrough in the treatment of cancer.
（彼の発明は、がんの治療における突破口だった　※これは「画期的な」といった形容詞としても使われます）

epoch-making　画期的な
She came up with an epoch-making idea at exactly the right time.
（彼女は、画期的なアイデアをタイミングよく思いついた）

224

back East

「アメリカ東部（の州）から／に／へ」

🔊 224

A: I'm from Boston, Massachusetts.
（私はマサチューセッツ州ボストンです）

B: I see. So, you're from back East.
（そうですか。では、あなたは東部出身ということですね）

NOTE 初めてこの言葉を聞いたとき、なぜ、East の前に back が付くのか、と不思議に思い、尋ねました。相手のアメリカ人曰く、アメリカ合衆国は元は東部の13州から始まり、西部開拓により西部にも住むようになったため、東部の人間は西部の人間への偏見を多少なりとも持っている、とのこと。そのため、西部のことを **out West** と呼ぶのだそうです。これに対して、西部のアメリカ人が東部について言う場合、**back East** を使います。

🔑 連想ボキャビル

ちなみに、South と North も、方角の意味以外に、ある言葉を添えると特別な意味を持ちます。

英語での商談で、金額を話題にしている時に、**north of ...** と言うと「…**より上の金額**」という意味になります。例えば、**The cost of the material is a little north of $10,000.** と言えば、「その材料の価格は1万ドルより少し高い」という意味になります。

逆に「〜より少ない」場合は **The of cost of the material is a little south of $10,000.** と、south of ... を使って表現するわけです。

blackmail

「恐喝する、ゆする」

🔊 225

A: If someone tried to blackmail me, I'd go to the police.

（もし誰かが私を恐喝しようとしたら、警察に行きます）

B: Why would anyone try to blackmail you?

（なぜ誰かが自分を脅迫するなんて思うの?）

> NOTE
>
> blackmail は、元は「不法な税金」を指し、昔、スコットランドの国境で、盗賊や略奪者から守る替わりにお金を納めさせていたことが語源のようです。現在の意味は**「恐喝 (する)、ゆすり (ゆする)」**という名詞、あるいは動詞としても使われます。また、blackmail letter といえば「脅迫状」のことです。
>
> 同義語には **threaten**（脅す）がありますが、blackmail の方には、脅すだけではありません。*Cambridge Dictionary* によれば、the act of getting money from people or forcing them to do something by threatening to tell a secret of theirs or to harm them.（秘密を言う、あるいは危害を加えると脅して、人から金を強奪したり、強制して何かをやらせる行為）とあります。つまり blackmail には恐喝するだけではなく、**脅して金を取ったり、ある行動を強制する**ことが含まれています。

226

quota
「営業部員の販売ノルマ」

■)) 226

Congratulations! Over half of the salespeople on your team achieved their quotas.
（おめでとう! あなたのチームの半数を超える営業部員がノルマを達成しました）

 「ノルマ」は元々ロシア語で、英語では quota と言います。営業部員にはこの **quota と呼ばれる販売ノルマ**のほかに、特別な目標を達成した時に支払われる **incentive という「報奨金」**があります。日本のような退職金はありません。

👆 これも覚えよう

アメリカでの働き方や人事制度について、少しだけ説明しましょう。
目標設定
目標設定に関して、アメリカと日本では根本的な違いがあるようです。アメリカでは目標は現実的であるべきで、達成不可能に思える目標は士気を下げると考えられています。一方、日本企業は社員に挑戦させ刺激を与えるためにも、目標は高く設定すべきだという考えがあります。アメリカでは、目標は達成して初めて評価されますので、不可能な目標設定には、皆、強く反発します。

営業は専門職
アメリカでは営業職は専門職と考えられています。基本給と成果給が同じことも珍しくなく、成果を出せる人だけが生き残り、出せなかった人は脱落します。また、業績の良いアメリカの営業部員は、より売れる商品を求めて平均2、3年で転職するため、5年もすると会社の営業員が全員入れ替わっていることも珍しくありません。このためアメリカの企業は営業に売ってもらう商品をより良いものに改良するなど、さまざまな企業努力を行っています。

セールス方法
アメリカではインサイドセールスというメンバーがかなりの割合を占め、代理店や、ネットを活用して間接営業をします。一方、日本では顧客に直接会うフィールドセールスが主流です。アメリカ人にも顧客と会って営業する営業職ももちろんいますが、インサイドセールスが売上に非常に大きな貢献をしているのです。

227

legwork

「細かい実務」

🔊 227

A: We'll do all the legwork in finding examples to show how the idea works.

（この案がどう機能するか事例を見つける実務作業は、私たちが全てやります）

B: Thank you. Then, we'll get on with preparing the presentation.

（ありがとうございます。では、私たちはプレゼンの準備を始めます）

 現地法人の幹部社員とアメリカ人チームとの打ち合わせで legwork という単語がよく出てきました。

legwork を辞書で引くと、「刑事の聞き込み調査、新聞記者の取材活動」などと出てきます。つまり、歩き回る労力の大きい仕事という意味です。ビジネスではもっと広い意味を持ち、「**細かい実務仕事**」として使われます。

🔧 連想ボキャビル

legwork を構成する work という言葉は少し気をつけた方がよい言葉です。

これはアメリカの税関で実際によく見られる行き違いです。私も昔、初めてアメリカ出張する時に先輩社員からアドバイスを受けましたし、後輩の社員にも、アメリカへの初めての出張の際には、アドバイスをしています。

アメリカの税関では、よく **What's your purpose of visiting the United States?**（アメリカ合衆国訪問の目的は何ですか？）と聞かれます。これに対して出張者は、仕事のために来ているわけですから、I came to the U.S. to work.（アメリカへ仕事をしに来ました）と言いがちです。そうすると、税関の職員は、労働ビザは持っているか？から始まり、延々と質問をしてきます。最後には、奥の部屋へ連れて行かれて出て来られなくなるケースもあります。アメリカでは work と言えば、アメリカに雇用主がいて、労働ビザを持って入国する立場の人が使う言葉なのです。

では、日本からアメリカへの出張者はなんと言えば誤解されずにすむのでしょう？これは非常にシンプルです。一言、**Business meeting.**（ビジネスの打ち合わせです）と言えば、あとはもう何も質問はされません。Good luck!（頑張って！）と言ってくれることさえありますよ。

260

228

oil patch

「石油業界」

🔊 228

A: What kind of industry do you work in?
（あなたはどこの業界でお勤めですか?）

B: The oil patch.
（石油業界です）

NOTE この言葉はアメリカ人のセールスマンと話をしていると時々出てきますが、**「石油業界、石油産出地域」**のことを指す俗語です。patch は「一区画の土地、畑」などを意味します。石油の出る縄張り、といったニュアンスでしょうか。

通常の会話では oil industry ですが、こんな表現もアメリカでは使われているということを覚えておきましょう。

🔖 連想ボキャビル

職種や業界を示す、oil patch のような特殊な言いまわしはさほど多くないですが、業種を示すフレーズは他にもありますのでいくつかご紹介します。

金融業
I work in finance. あるいは **I work in the money market.**
（金融系の仕事をしています）

芸能界
I work in show business.（私は芸能界で仕事をしています）

ハイテク業界
I work in high-tech(nology).（私はハイテク業界に勤務しています）

バイオ産業
I work in the bio-industry.（私はバイオ産業に勤務しています）

229

pros and cons

「長所と短所、賛否両論」

🔊 229

Let's discuss the pros and cons of the proposal.

（提案書の良い点と悪い点を協議しましょう）

NOTE よく社内会議で、課題解決のために**メリット、デメリット（あるいはプラス、マイナス）**をホワイトボードに書き出しますが、英語でそれをやるときは merit, demerit（plus, minus）という英語は使われません。英語では **pros and cons** です。

　pros and cons は社内の打ち合わせだけでなく、客先へのプレゼンでもよく使います。客に対して選択肢を全て示して、その良い点、悪い点を書き出して、提案内容の妥当性を論理的に説明する、売り込みに便利な手法です。

🔧 連想ボキャビル

　対になる言葉で、ビジネスでよく聞くものに、**bull** と **bear** があります。bull は雄牛で、**雄牛が角を下から振り上げることから「上昇」**の象徴として、bear は**熊が腕を上から振り下ろすところから「下落」**の象徴として使われるようになりました。

　株式取引において、相場が上がっていることを **bull market（強気）**、相場が下がっていることを **bear market（弱気）** と言います。

We hope there'll be a bull market next year after this long recession.

（この長い景気縮小の後、来年は強気の市場となることを期待します）

　政治経済の世界で対になる言葉に **hawk** と **dove** があります。**hawk はタカ派**とよばれ、インフレに敏感で、インフレが起これば物価上昇を避けるために利上げを行うことを好みます。一方、**dove のハト派**は利上げを嫌い、量的緩和などの景気刺激策を好みます。

230

subject-matter expert (SME)

「特定領域の専門家」

🔊 230

Some subject-matter experts are very controlling and difficult to work with.

（特定領域専門家の中には、非常に仕切りたがりで仕事のしづらい人がいる）

 アメリカでは、政治や企業で何か問題が発生した時、**即戦力を持つ特定領域の専門家**を大統領や会社幹部が迅速に集めます。その時に必ず出てくる言葉が、この subject-matter expert、略して SME です。また、大型プロジェクトがスタートする前には **SME** が招集される様子が、映画やドラマでもよく出てきます。

🔧 連想ボキャビル

SME の類語をご紹介します。職場で何か問題が発生すると、「tiger team を編成して早急に問題解決に当たってください」と指示が飛んできます。この **tiger team**って何だと思いますか？ 実は**「緊急タスクフォース」**という意味です。

私も最初は、編成されたチームにタイガーらしき強面の人は不在で、どこがタイガー？と思いました。tiger team の TIGER は Tactical Intelligence Gathering and Exploitation Relay の頭文字から来ているそうです。

元は軍隊の特殊精鋭部隊を指したそうですが、今は、一般企業でも使われています。私が勤務するメーカーであれば、特に**テクニカルな問題が発生した時、数人の緊急対策チーム**を編成するのですが、これが tiger team です。

231

kudos

「称賛」

🔊 231

You have to give him kudos for a job well done.
（彼の成し遂げた仕事を称えましょう）

NOTE　初めてこの言葉を同僚のアメリカ人から聞いた時、「工藤？」と、日本人の名前が浮かびました。kudos とは**「称賛」**という意味です。この英語は元はギリシャ語で、**語尾の s は、複数形の s ではありません。**したがって、kudos は単数形扱いするのが正しいのですが、アメリカ人の中には、kudo が単数形で、複数形が kudos と誤って理解している人もいます。

　　credit で kudos を置き換えても、以下のようにほぼ同じ意味で使えます。
You have to give him **credit** for a job well done. （彼の成し遂げた仕事を称えましょう）

👐 これも覚えよう

アメリカ人は人を褒めるのが本当に上手です。褒める英語表現を、ここで整理してみます。

- **Your contribution was excellent.** （あなたの貢献は素晴らしかった）
- **You made my day.** （あなたのおかげでうまくいきました）
- **I couldn't have reached this stage without you.** （ここまでこられたのは、あなたのおかげです）
- **You're the best!** （あなたは最高です！　※これは最上級の褒め言葉です）
- **I couldn't have gotten to this stage without you.** （あなたなしでは、ここまで来られませんでした　※これは私が一番気に入っていて、一番よく使うフレーズです。これを言った相手は私が頼りにしていることを大変嬉しく思ってくれるようで、次に何か依頼すると、すぐに対応してくれるようになりました）

232

boilerplate

「(契約)文章の雛形、テンプレート」

🔊 232

A: What does this part of the contract mean?

（契約書のこの部分はどういう意味ですか?）

B: It's just boilerplate — it says either party can cancel the contract with 30 days' notice.

（これは単なる雛形です。いずれの当事者も30日前までに通知すれば、この契約を解除できるとあります）

> **NOTE**　この言葉は、アメリカの法律部門の担当者からよく聞くように思います。boiler（ボイラー、給湯タンク）の plate（金属板）には、浮き出す文字でメーカー名が書かれています。ここから派生して、印刷分野において、**繰り返し使用される文面や前もって枠を確保して書かれるコラム**のことを指すようになりました。これらの記事原版は鉄製で、何度も印刷機にかけられるものだったようです。ここから、現在の**「(契約) 文章の雛形」**という意味になりました。

🔑 連想ボキャビル

「雛形」を表現する英語をご紹介します。

template　テンプレート
Use this Word template to create your résumé.
（履歴書を作成するのに、このワードのテンプレートをご使用ください）

modal　原型や図案
Use this modal as the design basis for the gadget.
（その装置の設計基礎として、この図案をご使用ください）

sample　サンプル
Use this sample document to create a draft of your speech.
（あなたのスピーチの原稿を作成するために、このサンプルを使ってください）

233

footprint

「納入実績」

) 233

Our competitor's expansion will increase its footprint in the market to five countries.

（わが社の競合会社の発展は、5カ国の市場における納入実績を増やすだろう）

> **NOTE**
> footprint とは文字通りは「足跡」という意味ですが、ビジネスでは**「納入実績、シェア」「影響力」「プレゼンス」**などの意味で使われます。

🔑 連想ボキャビル

footprint のように、体の部位を使った英語表現にはどんなものがあるでしょうか？

be all ears 一心に耳を傾ける
We were all ears when he started to talk about the summer vacation plan.
（彼が夏休みの予定について語り始めた時、私たちは一心に耳を傾けていた）

keep a straight face 笑いをこらえる
He couldn't keep a straight face when he heard that hilarious story.
（彼はそのおかしな話を聞いた時、笑いをこらえることができなかった）

behind a person's back ～のいないところで
I like her because she never talks behind anybody's back.
（彼女は、決して人のうわさ話をしないので、好きだ）

have the backbone 気骨がある
He has the backbone to hold his ground against opposition.
（彼は反対に屈しない気骨がある）

stand on one's own/two feet 自立する
He finally decided to stand on his own feet and left home.
（彼はとうとう自立することを決断し、家を離れた）

234

showstopper

「名演技、名演奏、致命的な問題」

🔊 234

The anti-bug software was a showstopper at the trade show.

（そのバグ修正ソフトは見本市の目玉だった）

 元々の意味は、「**（ショーが一時中断されるほどの）拍手喝さいの名演技 [名演奏・せりふ]、人目を引く物 [人] もの**」という意味でした。しかし、後にビジネスで使われるようになった際には、「**致命的な問題、一気に台無しにしてしまうもの**」を示すようになりました。つまり、真反対の意味で使われるので、意味を取り違えないように注意しましょう。

🔑 連想ボキャビル

show を使ったフレーズをご紹介します。

show off 見せびらかす
They wear sleeveless hooded sweatshirts and show off their tattoos.
（彼らは袖なしのフード付きトレーナーを着て、入れ墨を見せびらかしている）

show up 姿を現す
If you show up in Halloween costume, the first drink is free.
（ハロウィーンの衣装で来れば、最初の飲み物は無料です）

steal the show 人気をさらう
In the competition, she stole the show in the 100-meter backstroke.
（競技会の100メートル背泳ぎで、彼女は人気をさらった）

on show 陳列されて、展示されて
His paintings are on show at the art gallery.（彼の絵が画廊に展示されている）

show around （人）を案内する
She showed us around the Asakusa area.（彼女は浅草エリアを案内してくれた）

235

usual suspects

「皆さんが知っている、お馴染みの面々」

🔊 235

A: Who are your competitors?
（御社の競合はどこですか?）

B: They would be Clara Systems and STT Inc. and, you know, the usual suspects.
（クララシステムズと STT 社と、つまり皆さんご存知の会社です）

 usual suspects は直訳すると「いつもの容疑者」ですが、ビジネスでは犯罪とはまったく関係なく、**「皆さんが知っている、お馴染みの面々」** という意味で使われます。regular members、familiar faces などとも言い換えられます。ただ、usual suspects の方が含みを感じさせ、面白い言い回しだと思います。なおこれは、かつて話題になった映画『ユージュアル・サスペクツ』（*The Usual Suspects*／1995年制作）から来た表現です。

🔧 連想ボキャビル

映画から来た有名なフレーズをご紹介します。ビジネスでのちょっとしたやりとりでの潤滑油になりますね。

May the Force be with you. (*Star Wars*／1977年)
これは映画『スター・ウォーズ』の名セリフで、「フォースと共にあらんことを」というフレーズです。親しい同僚や友人が大事な場面に出向く時、茶化して**「成功を祈る」「頑張って」**と言いたい時に、アメリカ人が使うようになりました。

I'll be back. (*The Terminator*／1984年)
これは映画『ターミネーター』のシュワルツェネッガーのセリフで**「戻ってくる」**いう意味です。必ずこの物まねをしたがるアメリカ人がいるものです。

Houston, we have a problem. (*Apollo 13*／1995年)
これは映画『アプロ13』で使われた「ヒューストン、問題発生」というフレーズですが、その後、ビジネスで**何か問題が発生した時に茶化して**こう言うようになったようです（p. 156参照）。

ハナミズキの花言葉

　日米の友好の印として、100年以上前に、日本からアメリカのワシントンDCへ桜の苗木が贈呈された話は有名です。

　今でもワシントンのポトマック川のほとりではその桜が見られますし、桜祭りというお祭りまであります。私もちょうど桜の季節にワシントンへ行くことがあり、お祭りを経験しましたが、素晴らしい桜でした。

　ところで、アメリカがその桜の返礼としてハナミズキ（dogwood）の苗木60本を日本へ贈呈したことをご存知でしょうか？　ハナミズキはアメリカでは最も愛されている木の一つです。バージニア州とノースカロライナ州の州花でもあります。

　残念ながら、その時アメリカから日本へ贈呈されたハナミズキはほとんど枯れてしまったそうですが、その後の調査で都立園芸高校（東京都世田谷区）に原木一本がまだ残っていることがわかりました。2015年に、当時のキャロライン・ケネディ駐日大使がその高校で、追加の新種のハナミズキの記念植樹を行ったそうです。

　日米の友好のシンボルである桜とハナミズキが両国で毎年、花を咲かせているのは嬉しいことです。ハナミズキの花言葉は「返礼」です。

ダウンロード付録のご案内

本書では、音声マーク（001）の付いた箇所の英文や会話文の音声が聞けます。微妙なニュアンスの違いや、言外の意味を相手に伝えるためには、それにふさわしいイントネーションや口調で発話する必要があります。音声をよく聞いてまねをし、日常会話でも使えるよう、日々の学習にお役立てください。音声は以下の方法で、無料でダウンロードできます。

 ## パソコンをご利用の場合

「アルク・ダウンロードセンター」**https://www.alc.co.jp/dl/** から音声がダウンロードできます。書籍名（『売上1000億円超！海外営業のプロが教える　世界基準のビジネス英語表現』）、または商品コード（7020065）で本書の音声を検索してください。

スマートフォンをご利用の場合

アプリ「語学のオトモ ALCO」**https://www.alc.co.jp/alco/** をご利用ください。音声の秒数指定での巻き戻し、早送り、話速変換、AB 間リピートなど、英語学習に最適な機能を装備しています。

※「語学のオトモ ALCO」のインストール方法は表紙カバー袖でご案内しています。書籍名（『売上1000億円超！海外営業のプロが教える　世界基準のビジネス英語表現』）または商品コード（7020065）で検索してください。ALCO インストール済みの方は、右の QR コードを利用すると便利です。

本サービスの内容は、予告なく変更する場合がございます。
あらかじめご了承ください。

原 一宏（はら・かずひろ）

早稲田大学 理工学部卒業後、日本電気株式会社（NEC）で30年以上に
わたり、アメリカとカナダ市場向け通信機器の営業を担当。北米マー
ケットで新規開拓から交渉、契約締結まで、英語で約1000億円以上の
商談をまとめてきた。アメリカ、カナダへの通算2年間、計150回以上
に及ぶ出張経験と、カナダ・トロントのカナダ現地法人での6年間の勤
務、300人以上との商談での交渉経験を通して、ビジネス文化や慣習を
踏まえた英会話術を磨く。英検1級、国連英検A級、英語の通訳ガイド
の資格を持つ。

売上1000億円超！海外営業のプロが教える
世界基準のビジネス英語表現

発行日：2020年10月13日（初版）

著者：原 一宏
編集：株式会社アルク
英文校正：Peter Branscombe／Margaret Stalker／Randall Grace
ナレーション：Rachel Walzer／Josh Keller
音声録音・編集：株式会社メディアスタイリスト

AD・デザイン：山口桂子（atelier yamaguchi）
イラスト：岸 潤一
DTP：朝日メディアインターナショナル株式会社
印刷・製本：萩原印刷株式会社

発行者：天野智之
発行所：株式会社アルク
〒102-0073　東京都千代田区九段北4-2-6 市ヶ谷ビル
Website：https://www.alc.co.jp/